JN438479

# 그리운 것은
# 그리운 대로

# 그리운 것은 그리운 대로

이희석 수필집

수필과비평사

## 머리말

언젠가 스스로 물어보았다. 나를 잊지 않게 하는 길은 무엇일까. 내린 결론은 글쓰기였다. 글을 쓰자. 그래서 내 글 속에 나를 기록하여 남기자.

이런 결심을 계기로 수필에 입문하여 꽤 되었으나 아직도 수필을 잘 모른다. 쓸수록 어려워진다. 언어의 한계성을 극복하기 위하여 불면의 밤을 보낸 적도 꽤 있었다. 이 길일까. 저 길일까. 헤매기도 하고 때로는 자만과 편견에 빠지기도 했다. 사이비 수필을 쓰고 있는 것 같아서 갈등할 때가 많았다.

그래도 수필의 길을 걷고 있는 것은 가버린 세월을 이따금 돌아보며 내일 그리고 아직도 꿈을 꿀 수 있는 앞날에 대한 희망 때문인지 모르겠다. 수필을 쓰고 있으면, 저절로 나의 생활을 되돌아보게 된다. 하루하루의 삶을 깊은 사색으로 밀도 있게 살아가는 방법이라고 나는 생각한다. 멋지고 의미 있게 길이길이 살려면 글쓰기만 한 게 없다는 생각 때문일지도 모르겠다.

인생사 모두 한 편의 긴 수필이라고 생각한다. 앞으로도 계속 뭔가를 꾸준히 쓰며 살 것이다. 인생은 유한하지만, 글은 시간과 공간의 제약을 받지 않고 오랫동안 널리 전파되는 속성이 있지 않은가. 대수로운 것 없는 내 삶일지라도 글로 흔적을 남겨 누군가의 마음속에 그리움으로 남고 싶다. 언젠가 이 세상을 떠난다 해도 글을 통해 독자들과 소통하고 서로의 존재를 확인하게 되리라.

남은 생애 수필 쓰기로 삶을 윤택하게 가꾸며, 수필 문학을 꽃피우기 위해 작은 밀알이 되었으면 더할 나위 없이 좋겠다.

모든 것이 하나님의 크신 은혜다. 그동안 수필의 길을 이끌어 주시고, 여기저기 발표했던 글을 묶어 한 권의 책으로 펴내도록 도와주신 모든 분께 감사 인사드린다.

2019년 11월

이희석

목차

1

## 초롱석란

2

## 꽃과 같은 삶

3

## 외로움이 깊어질 때

4

## 보이지 않는 끈

5

## 버리지 못하는 것들

6

## 세월이 가서 아름다운 것들



## 평설

# 1

# 초롱석란

# 화롯가

두 날쯤 비가 내리더니 뒤뜰의 산수유가 일제히 노란 꽃망울을 터트리며 봄을 반긴다. 아직도 이르다. 봄을 시샘하는 추위가 품속으로 파고든다. 잇따른 바깥나들이로 바람을 쐬다 보니 몸이 으슬으슬 춥다. 감기나 걸리는 것은 아닌지 염려가 되었다. 요즘 감기는 한 번 몸에 들어오면 대책 없이 머물러서 고생하는 사람들을 많이 봐서인지 지레 겁이 났다. 펄펄 끓는 온돌방에서 은근하게 몸을 데우고 싶은 맘이 들었다. 끝나지 않을 듯했던 겨울바람을 잘 보내 놓고 봄바람에 투정하는 것 같아 어이없는 웃음이 새어 나왔다.

쿨룩쿨룩 기침이 끊이질 않아 밤새 잠을 설쳤다. 염려했던 대로 몸살감기가 걸린 것 같아 서둘러 종합병원을 찾았다. 다행히 병원엔 환자들이 많지 않았다. 환한 진료대기실이 유난히 따뜻하기도 하여 살펴보니 대형 온풍기가 가동되고 있었다. 그 앞에서 간호사 둘이

한담을 나누고 있었다. 몸 상태가 썩 좋지 않은 데다 바깥에서 막 들어간 나는 그들에게서 낯섦이 느껴졌다. 마치 그들은 화롯불 가에 둘러서 도란도란 얘기 나누는 듯했다. 바깥 추위에 하루를 마치고 화롯불을 쬐던 어릴 때의 그 포근함이 고스란히 떠올랐다.

엄동설한 새벽이면 어머니가 안방에 화롯불부터 먼저 들여놓으셨다. 질화로도 좋고 쇠화로도 좋았다. 저녁에 아궁이에 불을 지펴 구들장이 데워졌어도 새벽이면 식기 마련이고, 창호지를 바른 방문은 외풍을 막아주지 못해 추위가 심했다. 웅웅거리는 밤바람이 말을 달리면 젊은이들은 쉬 잠이 깨었고, 노인들은 새벽부터 온기가 절실해졌다. 그러니 오죽이나 화롯불을 잘 챙겼을까.

날이 저물어서 땅거미가 지면 빨간 숯불 싸라기 화로에 부젓가락을 걸쳐 찌개가 졸지 않게 하면서, 올려놓은 뚝배기에서 나는 부글부글 끓는 찌개의 그윽한 내음은 출타한 남편을 기다리는 아내의 정이었다. 부지런했던 어머니는 밤늦게까지 빨간 화롯불을 지피고 엽렵하게 인두로 동정 깃을 다리기도 하셨다. 인두가 너무 뜨겁지 않은가 코끝 가까이 대보며 느끼는 열의 감각이나 그 모습은 아무나 흉내 내지 못했다.

화로 주위에 둘러앉으면 할머니가 콩을 볶아 나누어 주며 옛날이야기를 풀어놓으셨다. 심청전, 춘향전, 콩쥐팥쥐전, 장화홍련전 같은 옛이야기는 얼마나 구수하고 흥미로웠는지 모른다. 큰 눈을 더 크게 뜨고 귀를 기울여서 듣던 어린 속에 자연스럽게 선과 악의 구분선도 생겼으리라. 또한, 어머니에게 들었던 여러 가지 소금장수

이야기는 50년이 지난 지금도 이따금 추억의 빛에 싸여 되살아날 때가 있다.

화롯불에 빙 둘러앉아 구워 먹던 인절미나 찹쌀떡은 별미였다. 화로 속에서 이따금 군밤이 툭 튀어나와 놀랍고 반가웠던 추억도 새롭다. 고구마를 화롯불에 구워서 먹으면 세상을 다 얻은 듯 행복했다. 눈이 온 세상을 하얗게 만들 때는 군고구마의 맛이 더 좋았다. 오랜 시간이 지난 지금도 그 맛을 결코 잊을 수가 없다. 가로등 불빛 아래서 파는 요즘의 군고구마 맛이나 멋과는 비교되지 않는다. 군고구마에 대한 이야기는 지금도 나에겐 단연 첫손가락에 꼽히는 추억거리다.

반면에 어린아이는 화롯불을 쬐면 피가 마른다고 했다. 그래서 화로 가까이 오지 못하게 하는 금기가 있었다. 어른들 노변정담에 애들이 끼어드는 것을 말리려는 일면도 있고, 자칫 화로 주변에서 헛짚기라도 하면 화상을 입기에 십상인 것을 경계한 일이기도 했을 것이다. 또 화롯불 가까이 오래 앉아 있으면 숯머리를 앓는 것을 예방하기 위한 배려이기도 했으리라.

옛날에는 불이 재물을 상징했으므로 불씨를 꺼뜨리면 집안이 망한다고 여겨 잘 보관하는 데 주의를 기울였다. 종가에서 분가할 때에는 종손이 이사하는 새집에 불씨 화로를 들고 먼저 방에 들어가는 것이 관례였다. 또 마을에서 동제를 지내거나 향교에서 제례를 올릴 때 특정한 집에서 옮겨다 쓰기도 했다. 작은 물건 하나에도 의미를 부여했던 우리네 어르신들의 깊은 속을 이제야 알 듯하다.

화로는 몸을 따뜻하게 했던 단순한 도구가 아니라 순박한 인정도 담겨 있었다. 눈보라가 휘날리는 추운 겨울날에 나그네가 외딴 오두막집 사립문을 밀치고 들어서면 주인은 손님을 맞아 아랫목에 앉기를 권하는 것이 우리네 인정이었다. 불을 담아 다독거려 두었던 화롯불을 부삽으로 헤쳐주면서 언 손을 쬐라고 권하곤 했었다.

세월에 묻혀 50년이나 화롯불을 잊고 살아왔다. 유년 시절 사용했던 무쇠 화로가 머릿속에 떠올라 집안의 이 구석 저 구석을 찾아보아도 없었다. 아내에게 물어보니 얼마 전까지 보았다고 단언하더니 이내 골동품 수집하는 사람들이 가져간 모양이라고 말을 바꿨다. 아쉬웠다. 새로 하나 사들일까.

올겨울엔 눈 내리는 밤에 화롯불을 피워 놓고 술을 따끈히 데워 사랑하는 가족과 오붓이 한 잔 마셔야겠다. 화롯가의 그윽한 정조情調와 조용한 기분이며 눈이 내리는 밤에 내방자가 없으라는 믿음이 서로의 마음을 가라앉게 할 것 같다.

# 초록빛 추억

해마다 봄이 오면 내 기억의 자리에 보리밭이 되살아난다. 어디엔가 나를 기다리는 보리밭이 있을 것 같아 오로지 보리밭만 생각하고 무작정 집을 나섰다. 먼저 고향 들녘으로 차를 몰았다. 차창 밖으로 무성히 자라는 겨울 사료 작물만 눈에 띌 뿐 정작 내 유년 시절의 보리밭은 보이지 않았다.

기대가 실망으로 교차하는 순간에 지금쯤이면 고창에서 청보리밭 축제가 한창일 거라는 생각이 났다. 내친김에 차를 더 달려 청보리밭이 있는 학원농장에 다다랐다.

수십만 평의 완만한 언덕에 심어진 것이 모두 청보리다. 온통 초록빛 세상이다. 대지의 향연 같다. 풋풋한 첫사랑 투명한 수채화처럼 찡한 그리움이 파도처럼 너울댄다.

보리밭 초입 길은 온통 봄나들이 나온 사람들로 번잡하였다. 나는 조용히 여유롭게 보리밭을 돌아보고 싶어 호젓한 사잇길로 빠졌다. 나직이 휘파람을 불며 천천히 걸음을 옮겼다. 허리춤까지 올라온 보드라운 보리들을 쓰다듬으며 어릴 적 느낌과 견주어 보았다.

가곡 “보리밭 사잇길로 걸어가면”을 흥얼거려 보니 고향의 보리밭이 그리워진다. 노래는 역시 분위기 어울리는 곳에서 불러야 감흥이 이는가 보다. 깜부깃병 걸린 보릿대를 꺾어 불며 동심으로 돌아가 보았다. 소걸음으로 걷는데도 겹쳐 입은 옷 때문인지 등허리에 땀이 끈적거렸다.

저만치 밭머리에 서 있는 원두막으로 올라갔다. 네 기둥을 세워 지붕을 해 덮고, 송판을 깔아 만든 나지막한 원두막이었지만 더위를 피하기에 적당했다. 그 속으로 들어서자마자 제법 선선한 기운이 감돌았다. 잠깐 쉬려고 난간에 등을 기대고 눈을 감았다. 어디선가 귀에 익은 보리피리 소리가 들리는 듯하고, 잊혔던 추억들이 떠올랐다.

내 어린 시절의 봄은 아름답고도 고단한 계절이었다. 매년 5월 요맘때의 논밭에는 푸른 보리 물결이 넘실거려 눈요기가 되었지만 아직 여물지 않아서 햇보리가 나올 때까지 한 달은 기다려야 했다. 흔히 보릿고개, 춘궁기라고 불리는 이 시기에는 겨우내 묵은 곡식이 다 떨어져 끼니를 제대로 잇지 못하는 사람이 많았다. 죽도 제대로 못 얻어먹고 야윈 다리를 배슬배슬 끌고 산으로 나물을 뜯으러 헤매는 사람도 많았다. 당장 목구멍에 풀칠하지 못하는 사람들은 보리 이삭이 여물기도 전에 모가지를 싹둑싹둑 베어다가 솥에 쪄서 익힌 다음 껍질을 벗겨 죽을 쑤어 먹었다. 희멀건 죽사발은 비워도 비워도 허기지는데 이런 신곡머리 풋바심이란 것이 오죽이나 헤펐겠는가.

배를 쫄쫄 곯던 그때 그 시절, 풋보리로 간식을 만들어 먹기도 했다. 덜 익은 풋보리를 훑어서 삶은 후 알맞게 말려 방아로 찧으면 좀 푸른색이 나고 찐득한 떡보리쌀이 되었다. 이것은 주전부리가 별로 없던 그 시절, 구수하고 맛있는 별미 새참거리가 되었다. 그러나 덜 익은 곡식이 아까워서 많이는 못 해 먹었다.

그 무렵, 나는 또래 동무들과 청보리 서리를 하여 허기를 메웠다. 채 여물지도 않은 보리를 몰래 잘라다 불에 구웠다. 까맣게 익은 보리 이삭을 손바닥에 올려놓고 싹싹 비벼서 껍질은 벗겨내고 초록빛 보리를 먹으면 구수했다. 보리 서리를 하고 나면 우리들의 입과 얼굴은 어느새 까맣게 되어 서로를 쳐다보며 배꼽이 빠지도록 웃어 댔다. 심지어 까만 보리깜부기를 따 먹고 온 입가에 시꺼멓게 칠을 한 채 정신없이 뛰어노는 애들도 있었다. 배는 고팠어도 그때는 마냥 즐겁기만 하였다.

다행히도 보리가 빨리 여물어 보릿고개를 넘기게 되면 보리밥이라도 배불리 먹을 수 있게 되었다. 꽁보리밥을 물 말아 풋고추 된장으로 들이켤 때도 있었다. 지금은 집 근처의 보리밥집을 찾아가 별미로 옛날 보리밥을 즐기고 있지만, 그때 먹었던 보리밥은 왜 그리도 줄방귀를 뀌게 하고 배를 빨리 꺼지게 했는지. 손님 앞에서 참고 있던 방귀가 잇따라 뽕뽕거리는 통에 무색하여 어쩔 줄을 몰라 했던 기억이 난다.

이젠 이런 나의 보리밭 추억도 지난 시절의 이야기이고 청보리 물결쳤던 고향 들녘의 풍경은 사라졌다. 보리밭 사잇길도 지난날과 달라졌다. 풋보리 바심하는 사람들의 모습도 볼 수 없게 되었다. 보릿고개, 보리 서리의 추억을 회상할 때 바로 엊그제 일처럼 생생하다. 그리움으로 만감이 교차한다.

해마다 오월이 오면 고향 보리밭 생각이 난다. 친구들과 손잡고 초록 융단을 깔아 놓은 듯한 보리밭 사이 학교 길을 다녔던 유년의 시간들, 그때 기억들이 내겐 얼마나 충만한 기쁨이었던가. 보리만큼 많은 추억을 품고 있는 단어도 드물 것이다. 나의 보리밭 추억은 아직 끝나지 않았다.

# 오디 농부

지난 4월 어느 날, 말미잘 촉수 같던 오디 꽃이 어느새 연두색 열매의 형태를 갖추더니 요즘 들어 부쩍 진보랏빛으로 농익어가고 있다. 평소 빈둥거리는 데다 농사일에 서툴지만, 6월이 오면 보름가량은 고향 뽕나무밭에서 아내와 함께 오디 따기에 바쁘다. 하루가 다르게 익어가는 오디를 제때 수확하려면 내리꽂히는 뙤약볕에 더위를 먹고 얼굴이 익어도 지겨워할 겨를조차 없다. 쉴 새 없이 일하느라 등에 땀이 배고 끈적거릴 때는 견디기 어렵다. 하지만 이따금 옷깃 사이로 스며드는 산들바람은 어찌 그리 상쾌한지, 선풍기 바람과 비할 바 아니다. 직접 따먹는 농익은 오디의 달콤새큼한 맛과 입안을 감도는 향기로움은 엔간한 일품요리 못지않다. 사람은 밥뿐만 아니라 철 따라 변하는 계절의 에너지를 피부로, 마음으로, 눈과 코로 먹고산다는 말이 실감 나는 요즘이다.

오디 따기에 돌입한 첫날, 아내는 아침 식전 댓바람부터 일하러 갈 채비를 서둘렀다. 같이 가자고 조르는 말에 오전에 중요한 모임이 있다고 둘러댔지만, 눈치를 채는 듯했다. 대신 삯꾼을 사면 좋지 않겠느냐 권했더니, 말이 그렇지 지금 같은 농번기에 일손 구하기가 어디 그리 쉽겠느냐며 핀잔만 날아왔다. 모임이 끝나면 늦게라도 꼭 오라고 거듭 다짐을 놓았다.

아내를 혼자 보내고 책을 펼쳤으나 눈에 들어오지 않았다. 잠시 생각에 잠긴 틈새로 어린 시절이 떠올랐다. 아궁이 앞의 부지깽이도 한몫을 한다는 그 바쁜 농사철에 일에 시달려 흘린 땀으로 걸친 모시 적삼 잠방이가 무짠지 같았던 부모님 모습이 눈앞에 어른거렸다. 너나없이 일손이 부족했던 때, 함께 일하자는 부모님의 청을 공부한다는 핑계로 거절했던 일이 되살아났다.

일하러 간 아내의 생각이 난 건 한낮이 기울어서였다. 부랴부랴 김밥 몇 줄을 사 들고 뽕나무밭으로 갔다. 반가이 맞이하는 아내의 얼굴에 피곤한 기색이 또렷했다. 오디 따는 일에 몰두하느라 시장기도 잊었는지 싸 가지고 간 도시락이 그늘 밑에 그대로 놓여 있었다. 내가 없는 동안 혼자 고생한 걸 짐작할 수 있었다. 김밥을 권하면서 아무리 일이 중하더라도 끼니는 거르면 안 된다고 단단히 일렀더니 오디로 시장기를 달랬으니 염려 놓으라고 했다. 해 지기 전에 어서 빈 그릇을 채우자고 재촉하는 아내의 말에 오디 따 담는 손놀림을 재빠르게 했다. 지쳐서 기력을 잃은 해거름까지 작업은 계속되었다.

일을 마치고 돌아온 아내는 저녁을 먹자마자 좋아하는 텔레비전 연속극도 외면하고 침대에 드러누워 이내 드르렁드르렁 깊은 잠에 빠져들었다. 그 모습이 오늘따라 더 안쓰러워 보였다. 아내를 위해서 내가 정성을 쏟은 시간은 대체 얼마나 될까? 내 덕분으로 아내가 행복해했던 날은 과연 며칠이나 될까? 곰곰 헤아려 보았으나 도무지 계산할 수가 없었다.

여느 농사와 마찬가지로 오디 농사도 만만찮았다. 어영부영 관리하면 실농하기에 십상이었다. 때맞춰 농약을 해주지 않으면 뽕잎을 갉아먹는 벌레들이 줄기만 남기고 이파리를 초토화하곤 했다. 열매가 하얗게 변하는 균핵병에 걸려 반타작도 못 할 때가 다반사였다. 조금 소홀히 가꾸면 잡풀만 수북하였다.

유독 우리 밭에서만 극성인지 몰라도 제일 성가신 풀은 한삼덩굴이다. 낫으로 베어내도 어느새 자라 가지 끝까지 감고 올라가서 뽕나무를 못살게 군다. 줄기와 잎자루에 잔가시가 있어 자칫 잘못 살갗이 긁히면 몹시 근질거리는 염증이 생길 뿐만 아니라 곧바로 약을 바르지 않고는 배겨나기 어렵다.

뜻밖에도 올해 오디 농사는 잘되었다. 비도 적당히 내렸고 일조량도 풍부해서 풍작을 이뤘다. 때맞춰 방제를 잘해서인지 병충해도 심하지 않았다. 오디 따느라 몸무게가 3kg이나 빠졌지만, 작년보다 거의 배나 수확했다. 인내 끝에 얻은 달콤한 열매를 거두고 나니 오디 농부로서 자부심을 가질 수 있었다. 덩달아 마음의 곳간이 풍성해지는 느낌이었다. 넘치는 풍농의 기쁨을 먼저 다섯 아들딸과 나눴다. 즙으로 만들어 한 상자씩 나눠주었다. 처가에도 보내 주었다. 아내는 한동안 소원하게 지냈던 일가친지 여럿에게 나누어주는 정까지 수확했다.

덤으로 얻은 깨달음도 많았다. 거둬들인 오디를 보면서 '무엇을 심든지 그대로 거둔다.'는 이치를 실감할 수 있었다. 심으면 자라고 이루어지고 거두어지는 작물의 한살이가 마치 우리네 인생살이 같았다. 뽕나무 잎이 뿌리에서 흡수한 물과 양분으로 햇빛을 이용하여 어쩜 이렇게 흑진주 같은 빛깔의 오디를 빚어낼 수 있을까, 생각할수록 신기했다. 지난해 여름 심하게 가지치기를 했음에도 어느새 다시 자라나 풍성한 열매로 보답해주다니! 그동안 사나운 비바람, 타는 듯한 불더위, 혹독한 강추위를 꿋꿋이 이겨 낸 뽕나무의 생명력에 감탄사가 절로 나왔다.

수고로웠으나 보람과 즐거움이 많았던 올해 오디 농사를 마무리하려고 하니 낱말 하나가 머릿속을 맴돈다. 바로 '열매'라는 단어다. 나무는 그 열매로 알 수 있듯 사람도 그 사람의 열매를 보면 그가 어떤 삶을 살아왔는지 알 수 있다. 그렇다면 자연의 일원으로서 그동안 내 삶의 열매는 어떠했는가? 앞으로 무엇을 어떻게 심고 가꾸어 열매를 맺을까? 얼른 대답이 떠오르지 않는다.

# 초롱석란

나는 한때 난초를 좋아했다. 늘 푸른 잎과 맑고 깨끗한 향기, 수줍은 듯 소박하면서도 고결해 보이는 자태가 마음에 들었다. 우리 마을의 솔가리로 뒤덮인 양지쪽 산비탈에도 춘란이 지천으로 많았기에 언제라도 채취하여 원예용으로 즐겨 기를 수 있었다.

1980년대 말이었던가. 당시 전국적으로 자생하는 난 채집 붐이 일어났다. 잎과 꽃이 특이하고, 돌연변이 형태로 생길수록 희소성을 가져 고액에 거래되고 있다는 소문도 나돌았다. 실제로 직장 동료 한 명은 순창 가마골 등산로에서 변종 춘란 한 포기를 채취하여 수백만 원에 팔았다. 나도 귀가 솔깃하여 주말이면 가까운 산으로 난을 캐러 많이 다녔다. 하지만 값나가는 난은 눈에 띄지 않았다.

전국에서 몰려온 난꾼들이 마구 채취하는 바람에 흔해 빠진 고향 산골의 춘란도 보기가 점점 힘들어졌다. 얼마 전부터 산림청에서 무분별한 채취와 환경 오염으로 없어지고 있는 자생란을 보호하기 위해 자생란의 집단 분포지를 희귀 식물 자생지와 같은 천연 보호림으로 지정, 보호 관리하고 있다고 한다. 이래저래 나의 비정상적인 난 애호는 일단 물 건너갔다.

그러던 것이 서너 해 전 어느 가을날, 금란지교와 같은 교분이 두터운 선배에게서 이름 모를 난 한 촉을 선물 받았다. 어찌 된 난이냐는 물음에 이십여 년 전 누가 한 촉을 나눠 주어 그저 그런 난인 줄로만 여기고 길러왔는데 지금은 자기 집에서 가장 귀한 대접을 받는 난이라고 밝혔다. 생소해 보여 난의 이름이 무엇이냐고 물으니 모양새가 석곡石斛 같고 꽃이 별처럼 초롱초롱하여 '초롱석란'이라고 이름을 붙여 주었단다.

그 말을 듣고 보니 꽤 그럴싸하다는 느낌이 들고 뜻깊고 고상한 선물을 받은 듯 설렜다. 석곡을 곧바로 보수와 통기성이 좋은 토분에 옮겨 심어 베란다 창가에 놓았다. 갓 포기가름된 어린 난이 낯선 토양에서 흔들림 없이 뿌리를 잘 내릴 수 있도록, 추운 겨울을 잘 견딜 수 있도록, 젖 뗀 아이 돌보듯 관심을 기울였더니 새순을 내며 잘 자라났다.

그 이듬해 이른 봄이 되자 꽃대가 나오면서 일곱 개의 꽃망울이 도드라지기 시작했다. 그럴 땐, 창조의 순간이란 바로 이런 게 아닐까 하는 생각이 머릿속을 언뜻 스쳐 가곤 했다.

하루가 다르게 자라나더니 오월이 되자 활짝 개화했다. 조그만 잎새 사이로 내뿜는 난의 향기가 어찌 이렇게 상큼할 수가 있을까? 꽃을 피우기까지 뿌리와 줄기와 잎이 얼마나 많은 인고의 과정을 거쳤을까. 각 지체가 제 할 일을 다 하며 살아내, 실팍한 줄기 끝부분에서 꽃대가 나오고 꽃망울이 생겼으리라 생각하니 퍽 대견스럽게 느껴졌다.

가까이 다가가니 여인의 향수 같은 달콤한 향기가 그윽이 풍기었다. 난을 분양해 주었던 선배와도 기쁨을 나누었다. 이왕 첫 번째 꽃을 완상하는 김에 실제 무슨 석곡인지 알아보니 '초롱석란'이라는 예쁜 이름과 달리 시중에 흔히 유통되는 '긴기아난'이었다. 호주가 원산지이고 '덴드로비움 긴기아눔'이 본이름이었다. 우리나라에서 자생하는 긴기아난은 석곡이라 불리고 가을에 낙엽 지면 대나무 같다고 하여 죽란竹蘭이라고도 불리고 있다는 걸 확실하게 알게 되었다.

하지만 본래 이름으로 칭할 마음이 생기지 않았다. 선배가 지어준 이름이 더 맘에 들어 여전히 초롱석란이라 부르고 있다. 지금도 별 탈 없이 튼실하게 자라고 있는 베란다의 초롱석란을 바라보면 그때의 설렘이 되살아난다.

난은 우정과 고아高雅를 상징한다고 한다. 사계절 푸르름을 잃지 않고 잎 선이 그리는 넉넉한 모습과 맑고 청아한 향기를 갖는 난은 선인들에게서 사군자 중의 하나로 대우받고 왔으며 숱한 묵객들의 사랑을 받아 왔다고 한다.

나 역시 마찬가지다. 난 앞에 서면 마음이 깨끗해지는 것 같다. 고고한 자태에서 유호덕有好德의 군자를 연상하게 한다. 순수하면서도 자연 그대로의 모습인 난을 볼 때마다 여인의 아름다움을 느낄 때가 많다. 특히 우의 깊은 선배가 준 우리 집 초롱석란과 마주하는 시간이 제일 기분이 좋다.

그저 바라보기만 해도 고결해 보이고 든든한 벗을 만난 것 같다. 빈 거울이나 명경지수처럼 마음이 깨끗해질 것만 같다.

# 뒷간 이야기

지난여름 승주 선암사로 나들이를 하였을 때였다. 사찰의 경내를 두루 돌아보다가 한 건물 입구에서 '깐뒤'로 발음되는 편액 글씨를 보았다. 얼른 이해되지 않아서 고개를 갸우뚱하다가 글씨를 오른쪽에서부터 읽어보고서야 '뒷간'이란 말임을 알아차렸다. 이 말은 유년기를 시골집에서 보냈던 나로선 익히 들어 온 말이다. 지금은 화장실이라고 부르지만, 예전에는 변소를 대개 집의 뒤쪽에 두었기 때문에 생긴 말이며, 뒤를 보는 공간 또는 몸채 뒤의 으슥한 곳으로 '뒤를 보다'라는 말이다.

이 뒷간에서 그동안 사람들이 아랫도리를 홀랑 내리고 엉덩이를 깐 뒤에 볼일을 보았으리라 상상하니 역시 '깐뒤'라고 읽어야 제격인 것 같아 웃음이 나왔다.

안내문을 읽어 보니 약 삼백 년 세월을 거쳐 오면서 많은 사람에게 배설의 즐거움을 안겨 준 곳이라고 한다. 안으로 들어가 보니, 우물마루가 깔려 있는 남녀 칸이 좌우로 갈라져 있고 칸막이는 어깨 정도의 높이로 보였다. 통풍이 잘되고 적당하게 들이비치는 햇살 때문인지 냄새가 그리 나지 않았다. 밖으로 나와 싱그러운 공기를 심호흡하듯 들이마시고 있노라니 유년 시절 뒷간에 관한 추억이 되살아났다.

예전의 시골 우리 집 뒷간은 안채와 사랑채에서 멀찌감치 떨어져 있었다. 문짝이 없이 개방된 어귀에 달랑 매달려 있는 거적을 밀치고 들어가면 큰 항아리를 묻어 놓은 곳 위에 나무 깔판 두 개가 걸쳐 있었다. 두 발을 그 위에 딛고 쪼그려 앉으면 금방이라도 발이 미끄러져 분뇨 항아리 속으로 풍덩 빠질 것만 같았다. 또한 햇볕이 잘 들지 않고 전깃불도 들어오지 않아 늘 음침했다.

여름에는 구더기가 굼실거렸다. 겨울에는 똥이 누는 즉시 얼어붙어 피라미드처럼 수북이 쌓여 똥산을 이루기도 하였다. 그럴 때는 발판에 싼 뒤 발로 툭툭 밀어 넣었다.

예닐곱 살쯤, 어느 겨울날 눈이 얼어붙은 발판에서 주춤주춤하다가 그만 헛디뎌 한쪽 발이 똥 구덩이에 빠진 적이 있다. 뿐만 아니라, 오뉴월 햇병아리들이 뭣도 모르고 똥통 속의 바글거리는 구더기를 기웃거리다가 빠져 죽는다든가 배고픈 시궁쥐들이 들랑거리다 실족하여 변을 당하는 경우도 종종 있는 일이었다. 똥통에 빠지면 영락없이 죽거나 곤혹을 치러야 했다. 불과 한 세대 전만 해도 이런 시골 변소를 흔히 볼 수 있었다.

코흘리개 적 언제였을까? 한 늦여름의 아침에, 간밤 장대비로 빗물이 새어 들어와 변기통에 흥건하게 고인 줄 모르고 홀로 웅치고 앉아 배설의 즐거움을 만끽하려는 준비 자세를 취하였다. 곧바로 기운을 몰아 한 덩어리를 떨어뜨리는 순간 반작용으로 튀어 오른 똥물의 세례를 받아 아랫도리는 물론 얼굴까지 얼룩지고 말았다. 아무리 뒤가 급해도 그렇지 지푸라기 뭉치나 재를 한 삽 넣은 뒤 침착히 정조준하고 배변했어야 했다. 이때 맛본 낭패감은 지금도 내 기억을 간질인다. 인간관계도 이와 다를 게 뭐 있을까. 두서를 차릴 경황이 없이 내 감정에 휩싸여서 하고 싶은 말을 쏟아버리면 뒷간의 분뇨가 준 선물보다 더 난처한 상황에 젖어 들기 마련이다. 뒷간은 이렇게 '덤벙대지 말고 차분하게 행동하라'는 가르침을 주었다.

그때 그 시절에 들은 뒷간 귀신 이야기는 어찌 그리 공포심을 불러일으켰는지 날이 어두워지면 뒷간 가기가 제일 무서웠다. 한밤중에 뒤가 마려울 때는 엄마를 깨워 망을 보게 하고 볼일을 보곤 했다. 점점 철이 들고 밤에 혼자서 뒷간에 드나들던 시절에도 모든 감각을 귀에다 모으고 경각심을 풀지 못했다. 바스락 소리만 나도 머리카락이 쭈뼛 일어서고 등줄기에 소름이 돋곤 했다.

한편, 이러한 두려움에서 벗어나게 해 주고 야밤에 뒷간 드나드는 수고를 덜어 주었던 간이 변기가 있으니, 요강이 바로 그것이다. 1960~70년 전만 해도 요강이 좌변기 구실을 하였다. 식구가 많은 우리 집은 초저녁에 넘치기도 했다. 함박눈이 펑펑 쏟아지던 어느 겨울밤. 술 취해 잠드신 아버지가 새벽같이 일어나 윗목에 놓인 하얀 사기요강에 오줌 누던 소리가 꿈결처럼 아스라하다. 거동이 불편한 노인이나 여인네, 어린이들은 야밤에 뒷간에 가기를 싫어하고 임시용 변기인 요강을 썼다. 잠자다 변이 마려운 어린애들은 요강에 용변을 누기도 했다. 우습게도 이 요강이 이사를 갈 때는 제일 먼저 갖고 들어가는 것의 하나였다. 먹는 것만큼 싸는 것도 소중하다는 조상들의 건강 의식이었다.

이제 요강은 박물관으로 옮겨 갈 운명에 놓여 있다. 예전의 뒷간도 거의 사라지고 있다. 요즘에는 뒷간이 수세식 좌변기로 바뀌어 세면대, 샤워기와 함께 집 안으로 들어와 화장실이라는 아름다운 이름으로 자리를 잡았다. 단순히 뒤를 보는 곳이 아니라 양치질하고 세수하고 몸 씻기 뿐만 아니라 간단한 손빨래하기에도 쉬운 공간으로 탈바꿈되었다.

그렇다고 수세식 화장실이 마냥 좋은 점만 있는 것은 아닌 듯싶다. 물로 씻어낸 분뇨는 발효 과정도 거치지 않고 물에 섞인 채 강이나 바다로 들어가므로 수질을 크게 떨어뜨린다. 더욱이 분뇨를 처리하는 데 분뇨량의 50배 이상의 물을 소비한다고 한다. 이에 비해 재래식 뒷간은 자연생태계의 순환 고리를 이어주는 역할을 해 주었다. 우리 조상들은 뒷간을 이용해 인분을 모으고 이를 발효시켜 논밭에 뿌리면 농작물들이 그것을 먹고 자랐다. 아무튼, 재래식 뒷간이 생태계의 순환 고리를 이어주는 자연 친화적인 것임은 분명하다.

내가 꿈꾸는 생태 친화적인 뒷간도 비슷하다. 소변과 대변을 따로 구분 지은 뒤 소변은 일정 숙성을 거쳐 거름으로 사용하고 대변 역시

재를 덮은 뒤 다른 재료와 섞어 퇴비로 사용한다는 그런 방식이다.

어쩌면, 뒷간이야말로 자연과 인간이 합일점을 이루는 공간일지도 모른다. 중국의 장구성이라는 선객은 뒷간에 들어가 똥을 누려고 힘을 주는 순간 개구리의 울음소리를 듣고 일순간에 대오 각성을 했다고 한다. 혹시 나도 예전 시골집 뒷간에 가서 끙끙대면 요즘 '생명의 환원'과 '비움'이라는 철학적 문제를 풀 수 있는 혜안을 얻을 수 있지 않을까 생각해 본다. 너무 생뚱맞은 생각인가. 구린내만 맡고 올지 모르지만 어쨌든 한 번 시도해 볼 일이다. 누가 알겠는가. 해탈을 한 음정 없는 노래가 낯익은 나를 부끄러워 않고 바지춤에 매달릴지.

# 기억의 정원

아파트 뒷산 기슭에 공동묘지가 있다. 산책하기 좋은 오솔길이 무덤들 사이로 나 있어서 간혹 그 길을 따라 오를 때가 있다. 그런 날에는 내 인생도 한 번 가면 저 모양으로 푸른 산 솔 밑에 묻히고 말 거라는 생각이 도꼬마리 열매처럼 머릿속에 자꾸만 달라붙는다.

며칠 전에는 고향 뒷산의 공동묘지에 가 보았다. 무슨 거창한 이유가 있다거나 죽은 자들을 애도하기 위해서가 아니다. 굳이 둘러대자면, 이 세상에 살다가 떠난 자들의 무덤을 찾아보며 현재 내 존재의 본질과 속성을 생각해보거나, 부끄럽게 살다가 가진 않을지 점검해 보려는 것이다. 그리고 하루라도 더 즐겁고 의미 있게 살고자 다짐하는 계기가 된다고나 할까?

시골에서 자란 나는 코흘리개 적부터 공동묘지에 얽힌 도깨비와 귀신 이야기를 무수히 들었다. 악머구리 울어 대는 여름밤, 옹기종기 모여 무서운 이야기를 나누다 보면 동네 아래 공동묘지에서 귀신 소리가 구슬프게 들려오는 것만 같았다.

초등학교 시절 어느 날엔 이웃집 어른이 밤길을 걸어오다가 공동묘지 옆 냇가에서 도깨비를 만나 한바탕 씨름하고 물에 빠져 허우적거리다 왔다는 얘기를 들었다. 허황한 말을 곧이들은 내가 잘못이지, 그 허풍을 들은 뒤로 무섬증이 들어 날씨가 궂을 때나 땅거미가 질 때 그곳을 지나치려면 공동묘지 위에서 도깨비불이 번쩍거리는 것 같아 머리칼이 쪼뼛쪼뼛 하늘로 곤두서곤 했다.

수년의 세월이 흐르며 마음이 커지고 생각이 깊어지자 그토록 오싹오싹 기분 나쁘게 했던 공동묘지가 오히려 호기심을 돋우었다. 기어이 사춘기 시절 어느 가을날, 공동묘지에서 밤을 지새워 보았다. 스스로 내 담력을 시험하여 보려는 의지와 함께 귀신과 만나 이야기하고 싶은 속셈으로 그랬다.

말이 그렇지, 어디 나같이 심약한 사람이 엄두를 낼 만큼 그리 쉬운 일이겠는가? 노을이 스러지고 검실검실 어둠이 사방을 덮어오자 으슬으슬한 한기가 밀려오고 요기妖氣가 가슴에 방망이질하는 것 같았다. 모든 일이 그렇듯 어둠도 시간이 지나니 적응되었다. 캄캄한 고요 속에 잠겨 있는 무덤들을 오랫동안 응시하고 있자니 딱히 무어라고 확언하기 어려운 안정감이 스며들어 왔다.

그때 일을 떠올리면 지금도 섬찍지근하다. 당시 생각으론 해가 저물어 정적이 내려앉고 모든 인적이 끊기면 죽은 자의 영혼이 공동묘지에 모여들 줄 알았다. 망자와 대화할 수 있다면 사후의 세계를 알 수 있고 이웃에게 증언할 수 있을 거로 생각했다.

그러나 〈전설의 고향〉에 나오는 것처럼 머리를 풀어헤친 귀신을 만나지 못했고, 신비로운 경험도 못 했다. 영혼이 무덤 속에서 시체와 함께 있으리라 믿었던 내가 어리석었다. 그때 깨달았다. 사람은 죽으면 귀신이 되는 게 아니다. 조상의 영혼을 신처럼 섬길 수 없다. 길흉화복은 조상의 영혼이 주관하는 것이 아니다. 죽은 뒤 조상의 영혼이 살아서 배회한다든지, 음식으로 그 영혼을 공양한다든지, 또는 제사 때 일시적으로 강생하여 제물을 즐겨 먹고 축복해 준다고 여기는 것은 오직 상상일 뿐이라는 걸 깨달았다.

얼마 전 난 이장하는 묘에서 오래전에 돌아가신 동네 사람의 유해를 봤다. 삭은 골격 일부만 남아 있을 뿐 살아생전 멀쩡했던 몸은 낱낱이 나뉘어 썩고, 무너지고, 사라지고 있었다. 미생물 같은 분해자에 의해 그리되었으리라. 그러니 차디찬 흙 속에 잠들고 있는 육체의 정체는 '있는 것'이 아니었다. 자연의 순환 원리에 따라 잠시 육신으로 뭉쳐져서 작용하다가, 한 줌 티끌이 되는 존재였다.

지난주에는 일부러 틈을 내어 어릴 적 등하교했던 길가의 후미진 공동묘지를 찾아갔다. 그동안 무정한 세월이 흘러서인가. 그새 모습이 많이 달라져 있었다. 묘지 주변은 산죽과 억새밭으로 변했고 억센 잡풀과 오금드리 잡목으로 덮여 납작하게 누워 있는 무덤들이 대부분이었다. 어떤 묘들은 비바람 눈서리에 뭉그러져 그 형체를 알아보기 어려웠다. 아마 큰물에 유실된 묘들도 많이 있으리라.

뫼인지 둔덕인지도 분간키 어려운 어떤 봉분 위에는 찔레나무, 아까시나무가 무성했다. 탄식이 절로 나왔다. 나머지 무덤들도 돌보지 않으면 언젠가는 이런 모습으로 될 수밖에 없으리라. 결국, 시간의 차이일 뿐, 그 결과는 같지 않겠는가? 존재의 무상無常을 느끼지 않을 수 없었다.

근래에 와서 묘지가 점차 사라지고 있다. 망자를 장지로 운구하여 파묻는 장묘문화가 화장한 유골을 봉안당에 안치하거나 나무 밑에 묻는 수목장樹木葬으로 바뀌어 가면서 공동묘지가 줄어드는 추세다. 더구나 최근 결혼을 피하는 풍조와 함께 결혼해도 아이를 낳지 않는 경우가 많아 인구가 줄어들고 기존의 무덤들조차 돌보는 후손들이 끊어지니 공동묘지도 황폐해지고 있다. 하기야 이 바쁜 세상에 어느 후손이 옛날처럼 벌초나 성묘를 하겠는가?

우리 선대들은 무덤을 거룩히 대하고 유골 또한 신성하게 여겨 왔다. 조상의 묘를 잘 쓰고 보살피면 자손 대대로 번창한다는 믿음이 마을에 널리 퍼져 있었다. 정초, 한식, 단오, 추석 등의 명절 때에는 묘에 찾아뵈어 배소拜掃를 해왔다. 특히 한식날에는 선영先塋을 찾아 제사를 지내고 무덤이 헐었으면 개사초를 하고 둘레에 나무를 심었다. 추석날이면 온 가족이 성묘를 하러 갔다. 이에 따라 당연히 조상의 선산을 지키는 일 또한 효도하는 일이라 여겼고, 조상의 묘소를 지키지 않는 일은 크나큰 수치로 여길 정도였다.

이처럼 묘지는 선대들을 추모하며 기리는 쉼터이자 후손들과 유기적으로 연결된 공간이었다. 어찌 생각해 보면 공동묘지는 근원적인 향수와 같은 울림을 주는 추억의 공원이었다. 산 자와 죽은 자가 함께 서로를 공유하는 기억의 정원이었다. 죽은 그들과 함께한 소중한 기억과 추억들이 이 세상에 남아있는 한, 결코 그들은 이 세상에 없는 게 아니다. 여전히 삶과 죽음이 바로 지척에 있다는 걸 분명하게 보여 주며 내 마음속에 살아 있을 것이다.

# 장독대

연둣빛 햇빛이 찬란한 4월, 어머니의 마음이 가득 담겨 있는 고향 집을 찾아가 보았다. 뒤곁으로 가니 소담스러운 장독대에는 크고 작은 단지들이 옹기종기 놓여 있었다. 마치 아기 단지와 엄마 단지들이 오순도순 모여 앉아 볕바라기를 하는 듯 보였다. 지난날 어머니는 아마 날마다 이 장독에 들락거리며 간장, 된장, 고추장과 젓갈, 장아찌로 식구들의 입맛을 돋우는 반찬을 장만하셨으리라.

장독에는 늘 어머니가 있었고 맛이 있었다. 칠팔월 뙤약볕이 뜨면 어머니는 장독들의 뚜껑을 열어 종일 햇볕에 달구다가 갑자기 빗방울이 후드득 떨어지면 깜짝 놀라 장독대로 뛰어가셨다. 빗물이 들어가면 장맛이 변하니까. 이처럼 장맛은 햇볕과 눈비, 이슬과 바람을 잘 다스려야 살아났다. 메주가 둥둥 떠 있는 간장독 속에 약간의 빨간 고추와 숯을 띄우는 건 잡균을 제거하기 위해서였다. 또한 간장,

고추장, 된장에 가끔 햇볕을 쪼여야 곰팡이가 피지 않고, 구더기도 생기지 않는다고 했다.

해마다 우리 집 장독 가에는 봄부터 한해살이 꽃들이 피어났다. 채송화, 봉숭아, 맨드라미 등 붉은 꽃을 심어 부정한 것들이 범접하지 못하도록 했다. 실제로 뱀은 봉숭아를 싫어한다는 속설이 있다. 그밖에 분꽃, 과꽃, 접시꽃, 백일홍들도 피어 포근함과 정겨움을 안겨 주었다.

장독대는 어릴 적 놀이터였다. 또래들과 장독대 귀퉁이에서 흙이랑 풀을 사금파리에 담아 놓고 소꿉질하고 신랑각시놀음을 하였던 기억이 생생하다. 놀이 동무들과 장독 가에서 숨바꼭질했던 추억도 선연하다. "꼭꼭 숨어라…… 장독 뒤에 숨어라"라는 동요처럼 장독 뒤에 감쪽같이 숨으려 했으나 잘도 들켰던 그 시절이 그립다.

해마다 늦여름이 되면 누나가 내 새끼손가락에 봉숭아 꽃잎 물을 들여 주는 장소도 장독대였다. 붉은색이 진해지라고 백반 조각을 넣기도 했고, 그게 없으면 굵은소금을 함께 빻기도 했다. 하룻밤 자고 나면 손톱은 예쁜 색으로 물들곤 했다.

그 시절 우리 집 장독대는 어머니의 기도 장소였다. 이른 새벽에 정성스레 길어온 정화수 한 사발을 올려놓고 두 손 모아 치성을 드리던 어머니의 모습이 떠오른다. 철부지였던 어느 때던가는 장독대 위에 사뿐히 내려앉은 잠자리를 잠자리채로 후다닥 덮치다가 뚜껑을 깨 어머니에게 야단을 맞기도 했다. 올망졸망한 독들이 가득했던 장독대처럼 우리 열 남매를 품은 어머니는 짓궂은 자식들 뒷바라지하느라 고달프고 힘든 심신을 이곳에서 달래셨으리라.

어머니의 따스한 마음이 담겨 있는 장독대. 그리고 집안의 음식 맛이 좌우되던 소중한 곳. 내 고향 마을은 어느 집이나 뒤꼍으로 돌아가면 크고 작고 차이는 있을망정 가지런한 모습으로 놓여 있는 장독대가 있었다.

간장을 담은 큰 항아리는 뒤쪽에 나란히 세워 놓았고, 가운데는 된장이나 막장을 담은 중간 크기의 독을 놓았다. 그리고 앞쪽에는 고추장이나 장아찌를 담은 작은 단지들을 벌여 놓았다. 그렇게 놓은 것은 장을 퍼 나르기 쉬울 뿐 아니라 장독을 편하게 관리하기 위해서였다. 햇빛이 잘 들고 바람이 드나들었다.

뉘 집을 찾아갔을 때 윤기가 반지르르한 장독대를 보면, 그 집안 주부의 됨됨이를 알 수 있었다. 장독대가 겨울철이건만 앙그러져 보이면 안주인이 무척 바지런한가 보다 여겼다.

해마다 겨울이 다가오면 온 가족이 모여 장독대를 청소하고 메주를 쑤고 김치를 담그느라고 바빠진다. 때맞추어 꼬마둥이인 나는 장독대 둘레의 시든 일년생 꽃들을 걷어치웠고 아버지는 삽을 들고 땅에 구덩이를 판 다음 배가 볼가진 오지독을 묻었다. 이런 일을 끝내면 어머니는 그 독 속에 담근 무, 배추김치, 동치미를 넣고 잘 봉해서 뚜껑을 덮은 다음 그 위에 가마니를 덧덮고 누름돌로 눌러두었다.

과연 김치만큼은 장독대 옆 땅속 김칫독에 보관해야 서서히 발효되어 오래도록 맛있게 먹을 수 있고 해가 지나도 깊은 맛을 냈다. 간밤에 내린 눈이 장독대 위에 하얗게 덮여 있을 때 손이 시리도록 차디찬 동치미를 꺼내 찐 고구마와 함께 먹었던 상큼한 맛을 잊을 수가 없다.

고추장처럼 붉고 따듯한 정과 맛이 서린 고향 집 장독대. 이른 아침 뒤꼍 장독대에서 커다란 독 뚜껑을 다른 장독 위에 놓고 고추장 몇 숟가락을 탁탁 퍼 담던 어머니의 모습이 눈앞에 삼삼하다. 이젠 포근하고 정겨웠던 장독대도 양옥과 아파트라는 주거 문화에 밀려 추억의 뒤안길로 사라져 버렸다. 덩치 큰 독들이 짐이 되고 옹기들은 천덕꾸러기가 되어 버렸다. 아파트에 살다 보니 베란다가 장독대 역할을 하다가 지금은 김치냉장고가 장독대를 대신하게 되었고, 된장도 냉장고에 넣고 먹게 되었다.

언젠가 아파트 생활을 접고 고향의 전원생활로 돌아가면 예전 어머니의 장독대처럼 구색을 다 갖추어 놓고 싶다. 지금도 아내와 나는 고향 집 장독대에서 가져온 작은 장독들을 아파트 베란다에 놓고 간장, 된장, 고추장 따위의 발효 식품을 갈무리한다. 장독대 분위기에는 미치지 못하나 그런대로 오손도손 정겹다. 어머니의 그 소박하고도 아늑한 냄새가 그리울 때면 무시로 들랑거리며 위안거리로 삼고 있다.

# 한여름 고향 나들이

올여름엔 유난히도 불볕더위가 심했다. 시루에 쪄 낸듯한 열기로 온 나라가 후끈거리는 나날이었다. 낮엔 조금만 움직여도 땀으로 범벅이 되고 숨이 턱에 닿았다. 너무 더워 나는 바깥출입을 삼갔다. 줄곧 에어컨 없는 아파트에서 힘들게 견뎌내다가 고향으로 나들이를 떠났다.

팔월 중순 불볕더위가 기승을 부릴 때 찾아갔던 고향 동네 어귀에는 수십 아름이 넘는 정자나무 두 그루가 울창한 잎으로 그늘을 드리우고 있었다. 그 옆에 자리 잡은 너른 모정으로 성큼 다가갔다. 신발을 벗고 마루에 오르니 마침 바람이 솔솔 불어왔다. 선풍기 바람보다 부드럽고 상큼했다. 아파트를 잠시라도 떠나 이곳으로 피서 오길 잘했다는 생각이 들었다.

느긋이 바람을 쐬고 있자니 어릴 적 추억이 세월의 강을 거슬러 찾아왔다. 선풍기가 없던 그 시절에도 역시나 더웠다. 그러나 아무리 무더운 날에도 겹겹이 드리운 나무 그늘 속 모정만은 시원하여 마치 딴 세상 같았다. 비 오듯 흘러내리는 땀도 여기에서 잠깐 쉬면 어느새 수그러들기 마련이었다.

여름이면 더위에 지친 동네 사람들이 이곳 모정으로 모여들어 한가하게 쉬고 크고 작은 회의를 열었다. 집에서 빚은 막걸리를 가져와 술잔을 나누기도 했다. 내 또래들은 고누를 즐기며 놀았다.

옛 추억을 가슴에 안고 동네 위뜸의 둥구나무 아래에 다다랐다. 수령이 육백 년이 넘는 느티나무다. 나무 밑동 둘레가 장정의 아름으로 네 아름이 넘고 아름드리 가지들이 열 손가락을 넘는다. 이파리들 위에서 반짝이는 햇빛 조각들을 보노라니 감탄이 절로 나온다. 기나긴 세월 속에 갖은 풍상을 다 겪어온 이 나무는 마을의 역사를 훤히 꿰고 있으리라.

잠깐 정자나무 그늘 밑으로 흐르는 맑은 개울물에 발을 담그고 맑고 시원한 바람을 쐬고 있노라니 모든 시름이 가뭇없이 스러지고 몸이 가뿐해졌다. 마치 천진난만한 유년 시절로 되돌아간 느낌이었다. 그 시절, 저만치 짙은 그늘 밑에 멍석을 깔아놓고 왁자하게 윷판을 벌이던 소리가 산들바람을 타고 들려오는 것만 같다.

이왕 놀러 온 김에 두 달 전에 사들인 작은 한옥을 둘러보기로 했다. 동남향을 향해 일자로 앉은 집은 삼면이 툭 터져 햇볕이 잘 들고 바람이 잘 통하여 좋았으나 시멘트로 포장된 마당은 폭염에 쉬이 가열되기 십상이다.

그런데도 다행이라고 할까. 울안에 짙은 그늘을 만들어 주는 나무들이 많았다. 지난달 가지치기를 하려다 내버려 두었더니 잎사귀 그늘이 마당의 지열을 식혀주고 있었다. 그런대로 앞마당이 쉴 만한 곳이 되었다. 나무 그늘은 실외기 없는 훌륭한 에어컨이라는 말이 실감났다. 아마도 나무가 뿌리에서 끌어올린 수분을 잎을 통해 기화하며 마당의 복사열을 흡수해 주었을 거라는 짐작이 들었다.

한편, 돌담 두른 뒤뜰은 나무 그늘이 두텁고 바람이 잘 통하여 앞뜰보다 시원한 편이다. 뒤꼍 방문을 열어두면 시원한 공기를 방으로 끌어들여 쾌적함을 유지할 수 있다. 한참 틀면 후텁지근한 열풍만 얼굴에 끼얹어 대는 선풍기만 있는 우리 집 아파트에 비하면 사뭇 청량한 편이다.

연일 계속되는 열대야 현상으로 잠을 이루지 못했던 며칠 전에는 전주에 사는 손주들이 놀러 와 나무 그늘이 식혀놓은 마당에 모기장을 치고 그 안에 누워 시원하고 오붓한 여름밤을 보내기도 했었다. 마음이 여전히 청춘인 아내는 아예 돗자리만 펴 놓고 그 위에 누워 밤하늘의 별들을 바라보며

"어쩜 저리 아름다울까? 도무지 딴 세상에 온 것 같다."

고 연신 탄성을 터뜨렸다. 나는 못 본 척 딴전을 피우며 이런 밤에는 조상들이 껴안고 잠들었다던 서늘맞이 죽부인이나 꼬옥 끌어안고 노닥거리면 좋겠다는 실없는 생각을 하면서 피식 웃었다. 그와 동시에 어릴 적 부모님과 함께 보낸 여름밤이 그리워졌다.

한여름 선풍기도 에어컨도 없던 그 시절, 무더운 밤이 오면 아버

지는 마당에 마른풀을 거둬다 타닥타닥 모깃불을 피워 놓았다. 그 옆에 넓은 멍석을 깔아놓고 온 가족이 둘러앉아 저녁을 먹었다. 밥상을 물리고 나면 하늘에는 별들이 총총했다. 식구들과 환한 달빛을 깔고 누워 두런두런 이야기꽃을 피우기 시작하면, 밤이 이슥하도록 끝날 줄 몰랐다.

아내는 아파트로 되돌아와서도 열대야로 방 안이 덥고 답답할 때는 시골에서 보낸 밤의 감흥을 되뇌며 또 한 번 놀러 가자고 했다. 그러마고 고개를 끄덕이는 순간, '소박한 삶의 운치와 여유가 바로 이런 게로구나.' 마음속 깊은 곳에서 감응하는 울림이 왔다.

어느덧 유년 시절에서 수십 년의 세월이 흘렀고, 올여름은 연일 불볕을 퍼부어 댔다. 이러한 기상이변이 올해로만 그치지는 않을 것만 같다. 하지만 고향 산골 일대를 덮은 녹음은 세월이 흐를수록 한층 더 우거지고 생기가 넘칠 듯싶다. 내년 여름 다시 찾아갈 때도 변함없이 녹음을 스쳐오는 맑고 향기로운 바람으로 우리를 맞아 주리라 기대하고 있다. 무더위가 누그러지고 바람이 선선해지면 다시 고향 나들이에 나서야겠다.

# 은행나무 아래서

가을빛이 짙어 가는 이른 아침에 고향 집을 둘러보러 갔다. 토방에 걸터앉아 숨을 고르고 있자니 소슬한 바람이 낙엽을 굴리고 있다. 저만치 텃밭 귀퉁이는 샛노란 은행잎이 수두룩 깔려 환하다. 바로 일어나 발걸음을 그쪽으로 옮겼다. 가까이 다가섰다. 노란 은행잎들이 바람에 실려 나풀나풀 떨어지고 있다.

옷깃을 여미고 고개 들어 보니 이파리를 떨구어 낸 가지들이 앙상하다. 스산하고 쓸쓸함이 오히려 우련한 멋으로 배어 나온다. 낙엽지고 선명해진 빈 가지는 그래서 애잔하다. 밑동을 만져 보니 쭈글쭈글하고 거칠다. 그동안 은행나무의 삶이 전혀 쉽지 않았던 것 같다. 비바람이 몰아치고 뙤약볕이 따가워도 한 걸음도 피할 수 없었을 것이다.

동산 위로 솟아오른 아침 햇살이 나무 잎사귀들 사이로 영롱하게 비쳐 든다. 황금빛 부채 모양을 한 은행잎이 한 잎 두 잎 소리 없이 떨어지고 있다. 작은 은행잎 하나가 공중에서 휘돌다가 발밑에 떨어진다. 그 잎사귀를 집어 들었다. 노랗게 반짝이며 한 해의 삶을 마무리한 낙엽이 기특하고 고맙다. 이리 작은 걸 보니 너무 늦게 돋아난 잎일 것이다. 몇 날이나 나무에 달려 있었을까. 짧은 생을 마감한 잎이다.

하지만 이 작은 은행잎의 삶은 아직 끝나지 않을 것이다. 한 번 더 생의 기회를 줄 생각이다. 내 책 속에서 책갈피 역할을 다하며 두 번째 삶을 살게 해 줄 요량이다. 사실 모든 생명체에게 삶은 단 한 번뿐이다. 어찌 보면 꼭 그런 것도 아니다. 오늘 내게 선택받은 은행잎의 첫 번째 삶은 나뭇가지에 매달려 사는 자체의 삶이고, 두 번째 삶은 책갈피로 쓰인 후의 삶이지 않겠는가.

은행잎 책갈피는 내게 아름다운 금빛 추억이다. 학창 시절, 시집詩集 갈피에 은행잎을 끼워 두고 이따금 꺼내 보았던 적이 있다. 노랗게 물든 은행잎 책갈피는 운치가 있었을 뿐만 아니라 다른 잎 책갈피보다 그다지 퇴색되지 않아서 좋았다. 그때 그 시절에는 구르몽의 시 '낙엽'을 어찌 그리 좋아했는지. 해마다 이맘때면 "시몬, 너는 좋으냐? 낙엽 밟는 소리가." 입안에서 맴돌곤 한다. 옛 정취는 사라졌지만 '낙엽'에 대한 나의 원초적 감정, 생태적 공감대는 여전히 지속할 것이다.

우리 집 은행나무는 해마다 가을이 깊어지면 동네 골목길 위에 연서를 썼다. 그 노란 연서를 사각사각 밟으며 걸을 적마다 나는 행복했었다. 은행잎 연서를 떠올리면 사춘기 시절처럼 가슴이 들썩거린다. 보기만 해도 마음 설레던 그 시절의 풋사랑처럼 아련한 추억으로 남아 있다. 은행잎 편지는 오래도록 아름다운 연서였다.

이곳저곳을 두리번거리다 보니 한나절이 다 갔다. 바람이 멎자 잎새 진 은행나무는 고요 속에 잠겨 있다. 머잖아 겨울잠을 잘 것이다. 겨울도 시나브로 사라지고 어느덧 봄이 곁으로 다가오리라. 그리고 녹색의 향연이 벌어지는 여름이 오고, 또 낙엽 지는 가을이 올 것이다. 한 해 내내 생명 활동으로 온 에너지를 쏟아내고 모르는 사이에 조금씩 조금씩 마을을 환하게 밝힐 것이다.

노란 잎을 떨구는 은행나무는 어느 시절에라도 생의 아름다운 희망이다. 노랗게 물든 은행잎을 바라보는 일. 그것은 가을에 내가 할 수 있는 희망 찾기이다. 그리운 이에게 보낼 편지 속에 노란 은행잎 하나 넣어 보내고 싶다.

# 2

# 꽃과 같은 삶

# 발밑에서 만난 봄

봄이 시동을 거는 3월이다. 허울만 남은 겨울의 추위가 엊그제를 고비로 슬며시 꼬리를 감추었다. 화요일 오전 몸살리기 운동회원들과 같이 모처럼 정읍 천변 산책길을 걸었다. 마주치는 사람들이 풍기는 분위기가 달라졌다. 봄을 쳐다보며 오가는 사람들이 부쩍 늘었고, 발걸음도 한층 가벼워졌다. 길가의 시냇물은 소풍 나온 아이들처럼 쉴 새 없이 지절대며 흐르고 있었다.

아직도 바람은 차지만, 벌써 나무들은 꽃망울을 터뜨릴 준비를 하고 있었다. 내 마음에도 이미 봄이 와 있었다. 두리번거리다가 발밑을 바라보니 새파란 풀이 돋아나고 있지 않은가. 겨우내 차디찬 땅에서 잘도 이겨낸 이름 모를 풀이 가장 먼저 봄을 알리는 전령사였다.

그러나 미리부터 와 있는 봄은 뜻밖에도 따로 있었다. 풀이나 나무를 찾기에 앞서 몇 걸음 먼저 땅을 찾아왔다. 그것은 돋아나는 새싹처럼 풋풋하지도 않았다. 꽃처럼 화려하지도 않고, 색깔도 향기도 없었다. 좀처럼 거들떠보지 않았던 그것은, 바로 발밑의 땅이었다.

발밑에서 느껴지는 생기 있는 촉감에 그곳을 유심히 들여다보았다. 흙은 마치 깨어있는 듯했으며, 그 모습이 며칠 전의 그것과는 완연히 달랐다. 푸석거리거나 질척거림도 없이 생명력조차 느껴졌다. 겨우내 숨을 죽이고 있던 땅이 거대한 호흡을 시작한 듯 보였다. 땅은 이제 비축한 힘으로 풀을 돋게 하고, 꽃과 잎을 피게 할 것이다. 마치 어머니처럼….

잘 들여다보면 어차피 봄의 전령들은 일사불란하지는 않았다. 먼저 오는 것도 있고 느지막하게 나타나는 것도 있다. 마치 유치원 아이들의 달음질처럼 출발도 진행도 들쭉날쭉했다. 길가에는 해마다 5월이 오면 노란 꽃물결을 이룰 금계국이 봄의 출발선을 벗어나 파릇파릇 움을 틔우고 있었다.

길옆 논을 보니 둑새풀이 동장군을 이기고 독야청청 의지를 다지고 있었다. 여기저기 밭을 들여다보니 봄나물의 선두 주자 쑥, 냉이, 돌나물이 한몫 끼워 달라고 땅속을 헤치고 나와 소리치고 있었다. 부지런한 아낙의 손에 이끌려 밥상 위에 오를 준비한 지 꽤 오래되었으리라.

산책길을 걷다가 보도블록이 촘촘하게 깔린 쉼터로 내려갔다. 바닥을 자세히 살펴보니 보도블록 틈바구니에서 무수한 풀씨가 싹을 틔우며 치열한 자리다툼을 하고 있었다. 예전엔 알지 못했던 풀들의 생존경쟁을 볼 수 있었다.

태어나고 자라고 이루고 갈무리하여 돌아가는 인간의 삶같이 풀 한 포기에도 같은 사이클이 돌아감을 알게 되었다. 모든 생명은 태어나는 시기와 조건을 골라잡을 수 없다. 어느 때 어느 환경에서 태어날 것인가를 선택할 수 없는 건 모든 동식물이 마찬가지다. 이것은 숙명이다.

오후에 정읍사공원 너머 들꽃마당에 들렀다. 이른 봄의 전령사로서 선두 주자인 복수초福壽草가 귀퉁이 낮은 자리에서 노란 꽃망울을 터트리고 있었다. 반가워서 얼굴을 먼저 들이대었다. 내가 복수초에 마음을 빼앗긴 건 오래전부터다. 이십여 년 전 2월 어느 날, 친구들과 순창군 가마골 산행을 하면서 녹다 남은 눈밭 틈에서 처음 보는 노란 꽃들을 만나 신기해서 놀란 적이 있었다. 나중에 알고 보니 복수초였다.

그날 복수초 꽃 한 송이에도 놀라운 생명의 의지가 담겨 있음을 알았다. 이를 계기로 꽃에 대한 나의 인식의 폭은 넓어졌고 작은 풀마다 인간과 다르지 않은 삶의 열망이 있음을 알게 되었다.

다시 길을 걸으며 발밑을 유심히 살펴보다가 온통 길을 차지하고 청보랏 빛 환호를 하는 봄까치꽃들을 만났다. 언뜻 보면 눈에 띄지 않을 정도로 작고 앙증맞은 꽃이지만 이들 역시 이른 봄의 선두 주자로서 전혀 손색이 없다. 긴 겨울의 시련을 견뎌낸 녀석들의 강인한 생명력은 갈채를 받아 마땅했다.

아직 무채색인 이른 봄, 나는 산책길 아주 가까운 발밑에서 봄을 만났다. 봄의 신호는 먼 곳도 높은 곳도 아닌, 가장 가깝고 낮은 땅으로부터 먼저 오고 있었다. 여기저기 땅속에서 새 생명이 부지런히 올라오고 있었다. 앙상한 가지마다 어린 새싹이 움틀 채비를 서두르고 있었다. 들꽃 마당에는 봄의 전령사인 복수초, 봄까치꽃을 선두로 영춘화, 얼레지, 현호색이 꽃망울을 맺고 있었다.

이제 곧 사람들은 땅을 밀고 나오는 새싹을 보고, 피어나는 꽃을 보고, 날아다니는 벌나비를 보며 봄을 만끽할 것이다. 정녕 봄은 왔다.

# 아까시꽃 숲길

아침 일찍부터 숲에서 청아한 꾀꼬리의 울음소리가 들려온다. 달력을 보니 5월 중반을 달린다. 밖을 내다보니 뒷산 야트막한 산등성이에 찔레꽃과 아까시꽃이 하얀 수를 놓고 있었다. 창문을 열어젖히니 밤공기를 타고 내려왔는지 은은한 향기가 실바람에 실려 들어왔다.

꽃들을 보지 않고는 배길 수 없어 혼자 뒷산 산책로를 따라 발길을 재촉했다. 흐드러지게 피어있는 아까시나무를 만났다. 가지마다 온통 하얀 튀밥을 뿌려 놓은 듯 눈과 코를 황홀하게 했다. 희다 못해 윤기가 나는 우윳빛 꽃송이들이 블라우스에 비친 여인의 속살처럼 매혹적이었다. 가까이 다가가니 진하고 달콤한 향기가 솔솔 콧속 깊이 파고들었다. 방금 머리를 감았을 때 샴푸의 향긋한 잔향이 물씬 묻어나는 그런 느낌이었다.

꽃을 따서 쪽쪽 빨아 먹던 시절이 생각났다. 나지막한 가지를 휘

어잡아 한 움큼 입에 넣고 오물거리며 예전에 느꼈던 맛을 음미해 보았다. 달착지근한 맛과 입안을 감도는 향기로움은 여전했다. 향기가 추억을 불러일으켰다.

시골에서 자랐던 나의 어릴 적 주전부리는 주로 산과 들에 있는 것들이었다. 이른 봄 땅이 녹자마자 가장 먼저 띠 뿌리, 칡뿌리를 캐 먹고, 이어서 돋아나는 띠의 새싹인 삘기, 찔레의 새순, 소나무 속껍질을 먹거나, 노란 골담초, 보라색 꿀풀의 단물을 빠는 것으로 입을 달랬다. 늦은 봄 따먹는 아까시꽃의 달보드레한 맛도 빼놓을 수 없는 작은 먹거리였다.

먹어 봐야 얼마나 배부를까마는 해마다 이맘때쯤이면 나는 친구들과 아까시꽃을 따먹으러 야산을 누비고 다녔다. 꽃이 지고 나면 이파리들이 우리의 장난감이 되었다. 먼저 아까시잎의 수가 같도록 맞춘 뒤 가위바위보를 해서 먼저 다 떼어내면 이기게 되어 친구들에게 꿀밤을 먹일 수 있었다. 그러다가 간혹 꿀밤 먹이기 장난이 도를 넘으면 끝내 싸움으로 번졌던 기억도 새롭다. 그리고 잎을 다 떼어낸 줄기는 누나의 단발머리를 감는 고무줄처럼 이용되어 파마 효과를 내어 주기도 했다.

별로 놀이기구가 없던 그 당시 나는 또래들과 아까시나무 그늘에 앉아 그 잎을 따서 고누를 두기도 했다. 그 시절 농촌에서 자란 사람은 누구나 토끼를 한두 마리 먹여 보았을 테지만, 토끼가 제일 좋아하는 아까시잎을 따는 것이 내 일과 중의 하나였다.

산책을 마치고 집에 돌아와 손주에게 아까시꽃을 먹었던 이야기를 하며 따온 꽃을 하나 입에 넣어 주자 얼굴을 찡그렸다. 아마 단과자로 입맛이 변해서 자연 그대로의 맛을 잘 느끼지 못하는 것일 게다. 아내에게도 건넸더니 고개를 내저었다. 어릴 적 들녘에 살아서 그런지 꽃들을 먹어보지 못했다는 거다. 다시 권하니 못 이기는 체 먹어 보더니 향기로운 단맛이 난다고 했다. 성장 과정이 비슷한 내 나이 세대는 느끼는 맛이 엇비슷하리라.

잇달아 아까시꽃으로 술, 차, 튀김, 효소를 만들어 먹으면 항암과 염증 개선 효과가 있다는 이야기를 하니, 아내는 당장 내일 채취하러 가자고 했다. 모처럼 같이 바람도 쐬고 꽃놀이도 할 겸 이튿날 오후 아내와 차를 타고 집을 나섰다. 찻길 뚫린 산모롱이를 돌아 고개를 넘으니 이윽고 고향마을이 보였다. 가까이 보이는 산자락에 아까시꽃이 지천으로 피어 있었다. 동네 주차장에 차를 세우고 무더기로 핀 꽃그늘 아래로 다가가니 감미로운 향기가 그윽하게 감돌았다. 우리는 동심으로 돌아가 손을 잡고 〈과수원 길〉이란 노래를 불렀다.

“동구 밖 과수원 길 아카시아 꽃이 활짝 폈네. 하아얀 꽃 이파리 눈송이처럼 날리네. 향긋한 꽃냄새가 실바람을 타고 솔 솔. 둘이서 말이 없네. 얼굴 마주 보며 쌩긋. 아카시아 꽃 하얗게 핀 먼 옛날의 과수원 길.”

다정하고 포근한 마음이 들었다. 오래도록 기념으로 남기려고 자세를 바꿔 가며 사진을 찍었다. 그리고 갖고 간 비닐 자루에 꽃을 따서 가득 담아 왔다. 부지런히 꿀을 따는 벌들과 꿀을 먹고 사는 곤충들에게 미안하고 나무에 염치가 없었다. 그러나 건강식품으로 이용할 수 있다고 하니 욕심을 내지 않을 수 없었다. 꽃을 즐기는 것으로 만족하지 못하고 끝내 따 가지고 온 행위를 에리히 프롬은 '소유냐 존재냐'라고 했다. 나는 결국 소유를 택한 셈이다.

아까시나무는 한때 침입종이라 하여 부정적으로 여겼다. 산을 망치는 나무, 산에 밭을 일구면 밭 안까지 뿌리를 내려 농작물의 거름을 빼앗아 먹는 나무, 조상의 산소까지 파고드는 나쁜 나무라는 인식들이 내게도 있었다. 그러나 양봉하는 사람들에게는 아까시꽃은 소중한 꿀밭이다. 여러 가지 좋은 효능이 있는 식품으로 이용된다. 술, 꽃차, 식초, 튀김, 화전, 효소, 고추장, 장아찌, 비빔국수 등 수없이 많은 요리를 할 수 있다고 한다. 이런 아까시나무를 누가 헐뜯을 수 있으랴.

기념으로 잘라 온 아까시꽃 한 송이를 유리병에 꽂아 놓고 물끄러미 바라보니 곧 지고 말 거라는 생각이 들어 마음이 시렸다. 며칠이 지나면 꿈동산 저편에 아련한 꽃으로 다시 피어날 것 같다. 아쉬움이 없도록 시들기 전 이 찰나의 모습을 오래도록 나의 눈에 담아 두어야겠다. 오늘처럼 흘러가는 인생살이의 한 부분 한 부분이 어느 날 문득 추억으로 되살아날 때가 있으리라.

# 오솔길을 거닐다 보니

눈에 보이고 귀에 들리는 대로 마음이 설레는 날이 있다. 나직한 뒷동산을 보니 예쁜 초록빛 그늘에 숨은 하얀 꽃들이 눈부시다. 뻐꾸기 소리가 대낮의 공기를 타고 출렁인다. 유월이 눈앞으로 다가오고 있다. 마음이 들뜨고 몸이 근질거린다. 방안에만 있을 수 없어 무작정 길을 나섰다.

발길 닿는 대로 한가하게 거닐다 보니 송산동 앞 둑길에 이르렀다. 오가는 사람들의 얼굴이 꽃처럼 화사했다. 노란 금계국도 한창 피어나고 있었다. 샛노란 물감을 뿌려 놓은 듯 눈이 부셨다. 바람에 출렁이는 노란 꽃물결을 보고 있으니 아늑하고 평온한 느낌이 들고 발길이 가벼워졌다.

한참 걷다가 잠시 눈을 들어 연두색이 짙어지는 맞은편 산을 보고 있노라니 문득 숲속이 궁금해졌다. 나에게 손짓하는 것 같았다. 우거진 숲 오솔길에서 누군가가 나를 기다릴 것만 같은 환상이 떠오른다. 이윽고 건너편, 천년의 사랑이 숨 쉬는 백제가요 〈정읍사〉 오솔길로 걸음을 옮겼다.

아양산 능선으로 들어서는 천 년 고개에 이르렀다. 월봉으로 이어진 비탈길을 올라가 호젓한 소나무 숲 산길로 접어들었다. 이 길은 걷기 좋은 여행지 전국 10선에 꼽힌 적이 있는 정읍의 대표적인 산책길로서 '사랑'을 주제로 조성된 길이다. 구간별로 만남, 환희, 고뇌, 언약, 실천, 탄탄대로, 지킴을 소주제로 인생 역정을 담아내고 있어 가족과 함께 걷기 좋은 황톳길이다.

만남의 길로 들어서자 길옆 울창한 나무들은 별 가리개처럼 그늘을 드리워 놓고 묵묵히 맞아 주었다. 어디서 와서 어디로 가는지 모르는 바람들이 뺨을 어루만지며 지나갔다. 한적한 길 따라 걷다가 아기별처럼 하얗게 매달린 때죽나무의 향긋한 꽃내음에 걸음을 멈추었다. 바위에 걸터앉아 땀방울을 식히는데 눈앞에 펼쳐지는 풍경들이 나의 감성을 툭툭 건드렸다. 속도 위주의 팍팍한 삶에 대한 반작용일까? 오솔길이라는 단어 자체에서 풍기는 자유로움, 평온함, 서정성을 실감할 수 있었다.

얼마쯤 걸어가니 남사면 조망대에 닿았다. 확 펼쳐진 전망이 가까이는 정읍시 과교동이 보이고, 멀리는 삼성산, 입암산, 방장산이 보였다. 산봉우리 사이로 새재, 갈재를 확인할 수 있었는데, 이곳은 예로부터 전북과 전남을 잇는 고갯길이었다.

심호흡한 뒤 환희의 길로 들어섰다. 평탄한 길이다. 이름 모를 앙증맞은 꽃들이 드문드문 눈에 띄었다. 풀숲 사이에 붉은 젖꼭지 같은 산딸기가 익어가고 있었다. 몇 개를 따서 먹으니 달콤한 맛과 향이 입안을 감돌았다. 늦게 핀 아까시 향기가 바람결에 스치듯 묻어왔다. 마주 보며 속삭이던 그리운 얼굴들이 꽃잎처럼 펼쳐졌다. 자연스러운 선이 살아 있는 꼬부랑길을 따라 간간이 꽃 냄새가 풍겨오고, 뻐꾸기, 두견새 소리가 숲속의 고요를 깨트리곤 했다.

쉬엄쉬엄 걸어가니 고뇌의 길이 다가왔다. 길은 평탄하나 좁고 왼편 산비탈은 경사가 심했다. 조심조심 느릿느릿 걸으며 지나온 날들을 돌이켜 보았다. 하릴없이 세월을 보내며 실속 없이 살아온 것만 같다. 앞으로 나아갈 길을 찾으며 쓸데없는 갈등과 번민으로 괴로워했던 젊은 시절이 못내 아쉽다. 인간의 삶에 어찌 좋은 일만 있겠는가. 항시 빛과 어둠이 교차하고 고락苦樂이 상반相伴되는 우리들의 삶이 아닐까? 오히려 언짢고 궂은일이 더 많을지도 모르는 게 인생인 듯싶다.

내 인생살이에도 기쁨의 선물만 있었던 것은 아니다. 때로는 애증의 사막을 달려야 했고, 때로는 해일이 밀려오는 파도의 끝에 설 때도 있었다. 아직도 내 속엔 곤고困苦의 소리가 아우성치고 있다. 이제부터는 평안히 지내며 내 몫의 삶을 누리고 싶다. 산비둘기가 구구단을 외우고 있다. 순간 사방이 조용해진다. 이런 날엔 홀로 조용히 음악을 들으며 차분히 생각에 잠기고 싶다.

이어서 북사면 조망대에 이르렀다. 가까이는 송산동 송학마을이 내려다보이고 멀리는 호남 정맥인 고당산과 망대봉이 우뚝하다. 정읍의 진산이요 내 고향 뒷산이기도 한 칠보산을 바라보니 정겨움이 물씬거린다. 칠보산 아래 검디마을의 옥녀봉에서 거문고를 연주하면 맞은편 종산에서 '둥둥' 쇠북을 울려 화답한다는 전설이 있다. 이런 전설 때문인지 산 아래쪽에 정읍 우도 농악전수관이 들어섰다.

내친걸음에 언약의 길이 시작되는 두꺼비바위 옆까지 올라가니 사랑의 언약이라고 이름 붙여진 작고 예쁜 우체통이 눈앞에 나타났다. 옆 시설물에는 서울타워에나 가면 볼 수 있을 법한 많은 사랑의 자물쇠가 잠겨진 채로 걸려 있었다. 사랑하는 사람, 사랑하는 가족의 소원을 적고 그것들이 잘 이뤄지기를 바라는 마음에서 이곳에 채우고 갔으리라.

경사진 산길을 꽤 오른지라 땀이 나고 두 다리가 팍팍했다. 이곳까지 다다르는 길은 마냥 좋은 길만은 아니었다. 가파른 언덕길과 내리막길이 번갈아 이어지는 굽잇길을 걸어야 했다. 걸으면 걸을수록 마치 기복이 심한 인생길 같았다. 불현듯 이 세상 모든 사람은 사는 동안 끊임없이 길을 걸어가는 나그네라는 생각이 뇌리를 스치고 지나갔다.

해도 뉘엿뉘엿 넘어가고 몸은 피곤하여 나머지 오솔길은 다음 기회에 걷기로 하고 걸음을 재촉하여 내려왔다.

오늘도 길을 걸었다. 나그네처럼 인생길을 걸었다. 길을 나설 때 처음부터 어떤 특정한 의미를 부여하지는 않았지만, 숲길을 거닐다 보니 자연의 속삭임에 푹 빠져들게 되었다. 걷는 동안 닿는 발의 감촉만이 아닌 계절의 색, 새소리와 바람 소리, 얼굴을 스치고 지나가는 미풍, 그리고 내면의 나와 인생에 대하여 이야기해 보았다.

# 경이로운 생명의 힘

삶은 놀라움이고 신비다. 세상을 유심히 들여다보면 생명의 신비를 만날 수 있다. 험난한 환경 속에서도 포기하지 않고 살아가는 끈질긴 생명의 신비를 만날 때마다 그저 놀라울 따름이다.

지지난해 정월 셋째 주 목요일, 정읍시 문화유적 답사 모임에 처음으로 참가하여 고창군 일원을 답사했다. 먼저 답성놀이가 전래하여 오는 고창읍성에 도착하여 군 공보실 직원의 안내로 동헌, 객사, 내아 등을 둘러보았다. 숲길을 내려오던 중 수령 육백여 년으로 추정되는 소나무 한 그루를 만났다. 소나무는 살아서 천 년, 죽어서도 천 년이라더니 장중하게 버티고 서 있는 위용을 보고 일행 모두 감탄사를 쏟아냈다. 비, 바람, 눈, 서리를 맞으며 오랜 인고의 세월을 견뎌 온 생명의 끈질김을 엿볼 수 있었다.

이어서 어느 곳에서도 볼 수 없는 수백 년 된 아기단풍들이 즐비한 문수사 숲을 탐방하였다. 길가의 한 단풍나무는 속이 텅 비고 껍질 부분만 남았는데도 새로운 가지를 만들어 자라고 있었다. 비어도 가득하고 가득하여도 텅 빈 듯 희한했다. 마지막 생명의 의지를 불태우는 듯했다. 생명의 내부에서 분출되는 힘에 의지하여 끝까지 새로운 자기를 형성하고자 애쓰는 모습이 경이로웠다.

놀라움은 끝나지 않았다. 점심을 마친 후 무장 읍성을 찾아갔다. 이 성은 조선 태종 17년(1417) 축조했는데, 1894년 일어났던 동학농민혁명 때 처음 봉기했던 역사의 현장이기도 하다. 옛 모양대로 복원공사를 하느라 객사 옆 땅을 파 연못을 조성했는데 기이하게도 누가 심지도 않았는데 연꽃 씨가 발아했다는 해설사의 말에 귀가 쫑긋해졌다.

방사성 탄소 측정법으로 알아본 결과 400여 년 전의 연꽃 씨라는 것이 밝혀졌는데 이는 매우 드문 사례라고 했다. 오랜 세월 땅속에 묻힌 채 생명력을 유지하면서 상식을 벗어나는 시간여행을 했다는 사실이 믿기지 않았다. 의아스러운 얼굴로 쳐다보니 일본에서도 그런 실례가 있다고 한다.

1951년 실제로 일본의 자바시의 지하 5m 정도 되는 깊이의 이탄층에서 약 2000년 전의 것으로 추정되는 연꽃 씨 3개가 발견되었다. 일본의 연구가인 오가 박사가 이 연꽃 씨의 단단한 껍질을 째고 물속에 담가 두었더니 여기에서 싹이 돋아나고, 1952년 7월에 분홍색 꽃이 피었다고 한다.

고창읍 석정리에서도 생명의 신비를 만날 수 있었다. 게르마늄 온

천에서 목욕한 후 바람을 쐬다가 우연히 보호수로 지정받은 은행나무를 발견했다. 둘레가 4m이고 400년이 넘은 거대한 은행나무였다. 스마트 폰으로 사진을 찍었다. 은행나무 밑동 가지 틈에서 빨간 열매를 주렁주렁 매달고 있는 떨기나무가 눈에 띄었다. 도저히 살 수 없는 조건이었다. 어느 모로 보아도 얹혀살 수 없는 조악한 환경임에도 불구하고 악착같이 뿌리를 내리는 생명력을 보고 감동하지 않을 수 없었다. 그 더부살이 떨기나무의 생명의 끈질김은 도대체 어떤 것일까. 그리고 나의 인생을 다시 한번 더 생각해 보았다.

내 삶의 모양새는 어떠했는가? 조금만 지쳐도 포기하고 망각하고 도전해 보지 않으며 양지 양토壤土만 찾고 찾아 헤매며 살아오지 않았는가?

답사를 갔다 온 이튿날 내장산 숲길을 탐방했다. 여느 때는 대개 일행과 걷는 길이지만 혼자 걸으니 길가의 나무들이 하나하나 새로운 모습으로 다가왔다. 벽련암으로 올라가는 길옆 큰 참나무 가지 끝에 겨우살이가 생의 의지를 과시하고 있었다. 어쩌면 그렇게 높고 위험한 가지 끝에 매달려 의연하게 살 수 있는지 볼수록 신기하였다. 사시사철 상록의 모습을 하고 높은 곳에서 세상을 일망하니 호연지기가 따로 없을 성싶었다.

일주문을 지나 길가에 죽 늘어서 있는 단풍나무 터널을 지나 반야교에 이르렀다. 왼편 극락교 사이에서 버티고 선 큰 느티나무를 만났다. 이 느티나무 밑동에서 약 3m 위에 작은 단풍나무가 한 몸을 이루고 있었다. 식물의 유착 능력이 대단하다 할지라도 고욤나무에 단감나무를 접붙이듯 무조건 나뭇가지끼리 붙인다고 접붙이기가 다 되는 건 아니다. 각 나무의 종류에 따라 서로 가능한 나무가 있고, 접붙이기 좋은 시기도 각각 다르다. 그래서 경험이 없는 사람이 접붙이기에 성공하는 건 상당히 어렵다. 그런데 자연의 생명력은 느티나무에 단풍나무를 접붙이지 않았는가.

자연계에는 우연의 일치로 발생하는 이적異蹟이 더러 있는 모양이다. 어제오늘, 가까운 숲속을 거닐면서 식물의 경이로운 생명력을 만나 보았다. 지나친 착각일지 모르나 이틀 동안의 탐사만으로도 어째, 주변이 좀 달라 보이고 새롭게 시야가 트이는 것 같다. 이제 관심의 범위를 다른 생물 종種으로 넓혀야 할 시점에 온 것인지도 모른다. 욕심 같아선 온 세상을 두루 다니며 대자연을 보는 안목을 키우고 싶다. 보는 바가 크면 이루는 바도 크다고 하지 않았던가.

# 꽃과 같은 삶

아파트 앞마당의 수선화가 샛노란 자태로 물감을 뿌려 놓은 듯 눈이 부시다. 일찌감치 봄을 맞은 산수유도 화사하게 웃고 있다. 모처럼 여행 가는 마음이 즐겁고 발걸음도 가벼워지는 것 같다. 지난 주말, 철 따라 여행을 즐기는 모임에 끼어 국내 최대 규모를 자랑하는 충남 아산시 '세계 꽃 식물원'을 찾았다.

입구에서부터 튤립의 꽃물결이 일렁이고 있었다. 도시 생활에 지친 영혼들이 황홀한 유혹에 빠져들 만해 보였다. 28,000㎡의 유리온실로 연중 20가지 테마정원과 3,000종의 식물을 감상할 수 있다고 한다.

먼저 꽃이 피는 정원에 들어서니 이국적인 꽃들이 향연을 벌이고 있었다. 흐드러진 꽃향기에 취해 걸음걸이가 느릿느릿해졌다. 연못정원에서는 비단잉어들이 유유자적 헤엄치고 있었다. 공기정화 식물들이 가득한 에코정원을 지나 열대 우림이 우거진 지하정원에 들어서니 별유천지에 이른 듯했다. 꽃과 사람의 물결이 어우러져 모든 정경이 한 송이 꽃처럼 보였다. 이곳이 바로 상상해 왔던 꽃 대궐이 아닌가 싶었다. "백합화를 생각하여 보라. 실도 만들지 않고 짜지도 아니하느니라. 그러나 내가 너희에게 말하노니 솔로몬의 모든 영광으로도 입은 것이 이 꽃 하나만큼 훌륭하지 못하였느니라."라는 말이 실감되는 느낌을 받았다.

새 모이 정원에서는 앵무새에게 모이를 주는 체험 행사가 열리고 있었다. 이어서 이국적인 각종 선인장과 건조지대의 식물이 널려 있는 사막정원에 들어서니 계절의 감각이 무디어졌다. 홀딱 반한 채 화려한 꽃 터널을 지나 멋모르고 피톤치드의 향이 나는 미로정원에 들어갔다가 한참 길을 헤맸다. 계절별로 꾸며진 테마정원에서는 눈부신 꽃잎들의 날갯짓에 넋을 빼앗겨 일행을 놓칠 뻔했다. 허브 향이 그윽한 향기정원에서는 머리가 개운해졌다. 꽃들에 푹 빠져 있다가 밖으로 나왔다.

그런데 쾌적한 환경에서 꽃 축제를 벌이고 있는 인공식물원의 이국적 모습과 달리 집으로 돌아오는 길 차창 밖으로 간혹 내다보이는 시골집의 노란 산수유 꽃이 더 정감이 가고 포근해 보였다. 웬일일까? 좌석에 기대어 잠시 눈을 감고 있노라니 불현듯 마을 앞 나직나직한 동산들로 쏘다니며 놀던 개구쟁이 적 추억들이 파노라마로 지나갔다.

그 시절에는 개나리, 진달래 만개한 시절이 오면 산과 들을 쏘다니며 놀기에 바쁜 철부지였다. 꽃이 피고 지는 자연의 섭리와 이치를 터득할 겨를이 없었다. 마냥 마음이 설레고 기뻤던 기억만 떠오른다. 어쩌면 그 시절이 내 인생 중 가장 행복했던 시절이었는지 모른다.

나의 사춘기는 꽃다운 시절이었음에도 좀 어설펐다. 이성에 눈을 떠 아까시나무 꽃그늘 아래 멍하니 앉아서 시를 읊거나 노래를 불렀던 적은 있어도 애틋한 속마음을 꽃으로 표현할 줄 몰랐었다. 꽤 나이가 들어서서야 쿵쿵거리는 가슴을 꽃 선물로 대신 드러낼 줄 알았다. 3월이 오면 산수유 꽃가지를 꺾어다가 꽃병에 꽂아주었던 여인이 생각난다. 철 따라 피어나는 갖가지 꽃을 수시로 선물했던 추억이 생생하다. 그때마다 '꽃처럼 짧은 우리 인생 서로 사랑하며 살자.'고 속으로 되뇌었건만 그녀가 알아챘었는지는 아직 미지수다.

여행을 다녀온 이틀 뒤 아내와 시골 고향 집에 갔다. 앞동산을 보니 이제 막 피어나고 있는 연분홍 진달래가 반가웠다. 개나리꽃도 봄 동산을 노랗게 수놓고 있었다. 울 안팎에서 피어나기 시작한 매화 향기는 따사로운 햇살과 버무려져 은근히 콧속으로 스며들었다. 목련화는 내일모레면 터질 듯한 하얀 꽃봉오리를 물고 있었다. 골목길 담장 밑에서 풀꽃들이 기지개를 켜며 흥겨운 재롱을 펼치고 있는 모습을 보고 있자니 문득 윌리엄 블레이크의 "한 송이 들꽃 속에서 천국을 본다."라는 시가 머릿속을 스치고 지나갔다. 며칠 전 '세계 꽃 식물원'으로 봄나들이를 갔을 때보다 더 정겨웠다.

어찌 보면 꽃과 사람이 모두 아름다운 점에서 닮았다. 꽃에 향기가 있듯 사람에게도 향기로운 마음이 있다. 남몰래 태어나 묵묵히 세월에 묻히는 소박한 꽃들처럼 잘난 구석이 없어도 가진 게 많진 않아도 아름다운 미소를 지으며 온기 가득한 가슴으로 우린 서로에게 향기로운 인생의 꽃이 될 수 있다.

주의 깊게 살펴보면 산과 들에 그냥 피는 꽃은 화려한 온실의 꽃과 다르다. 어려운 환경 가운데서 자란 꽃들이 더 은은하고 향기롭다. 황량한 들녘에 피어 있는 꽃 한 송이의 가치는 화원에 만발한 백만 송이 꽃보다 더 값지다. 상처 있는 나무 과실이 더 맛있게 느껴지듯 크고 작은 상흔을 안고 피고, 비바람과 태풍, 무더위와 모진 추위를 참으며 병해충을 이기고 피어난 꽃들에는 참된 멋이 있다. 사람도 마찬가지다. 냉엄한 현실을 살다 보면 크고 작은 상처를 입기 마련이다. 오래 참고 끝까지 견뎌 내지 않고는 위대한 삶의 꽃을 피울 수 없다. 고난을 거쳐 드디어 꽃을 피운다. 그러기에 상처를 꽃으로 피워 낸 사람을 보면 더욱 아름다워 보이는가 싶다.

지난 세월을 돌이켜보니 인생의 짧음에 탄식이 절로 난다. 한순간의 꽃과 같이 우리 인간의 영화도 짧다. 그렇다. 꽃은 쉬이 져서 서럽고 인생은 하루살이 생애 같아서 슬프다. 아름다운 꽃이 피고 지듯 우리 인생에서 권력도 일시적이고, 인기도 건강도 그렇고, 행복도 재력도 그렇다. 승패도 교차하고 흥망에도 기복이 있다. 꽃과 인생 모두 덧없는 것들이다.

걷잡을 수 없이 엄습해 오는 허무감에 빠져 있는데 오늘, 지금, 이 순간이, 가장 젊은 한때라는 생각이 퍼뜩 머리를 친다. 꽃중년을 진즉 보낸 비록 머리카락은 희끗희끗해졌고 주름살을 감출 수 없지만 어쩌면 청춘이란 나이와 상관없는 성싶다. 모자라지만 그런대로 바로 이때가 인생 경륜이 가장 쌓인 시절인지도 모른다. 그런 뜻으로 마음을 다져본다. 남은 생애 낭만과 열정으로 아름답게 수놓아야겠다고.

언제나 내 입에서 꽃과 같은 아름다운 언어가 흘러나와 이웃의 기분을 좋게 만들어 줄 수만 있다면 얼마나 좋을까? 나를 보기만 하여도 "그 사람 좋다. 그 사람 벗하고 싶다."라고 말할 수 있도록 꽃과 같은 삶을 살고 싶다.

# 노고단

8월의 끝자락이 되니 매일같이 기승을 떨던 찜통더위가 책장 하나 넘기듯 금세 물러났다. 화닥닥 창문을 열자 샘물처럼 청량한 바람이 코를 찌를 듯 불어온다. 가슴속까지 상쾌하다. 왠지 마음이 들떠 어디론가 훌쩍 떠나고 싶다. 새로 산 승용차를 길들일 겸 나들이라도 해야 직성이 풀릴 것 같아 가까이 지내는 ㅁ형을 꼬드겨 같이 길을 나섰다. 내친김에 지리산 노고단까지 가자고 제의했더니 망설임 없이 동의해 주었다.

한 시간 반 남짓 차를 몰아 성삼재에 도착하니 숲 냄새가 질펀하다. 차들이 붐비고 있는 주차장 모퉁이에 차를 세우고 탐방로 안내 표시가 있는 곳으로 가보니 노고단 고개까지 2.6Km라고 쓰여 있다.

고개를 돌려 사방을 올려다보니 노고단 등 지리산의 여러 봉우리가 하늘을 떠받치며 능선을 따라 줄기줄기 뻗어 나가고 있다. 과연 한국의 알프스라고 불려도 손색없는 산세였다.

천천히 걸으면 더 많은 것을 볼 수 있겠다 싶어 정상을 향해 느릿느릿 걸음을 옮겼다. 시원하고 넓게 다듬어져 있는 길 양쪽으로 소나무를 비롯하여 참나무, 졸참나무, 굴참나무, 서어나무, 신갈나무, 분비나무, 가문비나무, 물푸레나무 등이 원시 자연림을 이루고 있었다.

한참 완만한 오름길을 걷자니 뜻밖에 갈림길이 나왔다. 시간이 절약되는 지름길을 택했으나 가파른 비탈길이어서 금세 숨이 헉헉거리고 다리도 뻐근해졌다. 때마침 쉴 만한 바위가 눈에 들어왔다. 그 위에 철퍼덕 주저앉아 숨을 고르고 있자니 불현듯 직장 동료들과 이곳을 오르던 옛일이 생각났다. 그땐 겨우 한두 사람이 지나다닐 수 있을 만큼 길이 좁았었다.

혈기 방장했던 그 시절 힘겨워하던 여자 동료의 손길을 잡아주던 일이 눈앞에 삼삼하다. 구불구불한 산길은 그 시절 모습과 별반 다름없으나 그녀는 간데없으니 무상한 감회가 바람처럼 스며든다.

옆에서 내 기색을 살피던 ㅁ형은 지나간 길 간간이 되돌아볼 줄 알아야지 너무 자주 떠올리면 과거 지향형이라고 핀잔을 주며 길을 재촉했다. 듣고 보니 무언지 그럴싸하다는 느낌이 들어 감회를 떨쳐버리고 일어섰다.

이어 쉬엄쉬엄 가벼운 걸음으로 반 시간 정도 올라가니 '농수 확보를 위해 남원으로 흐르는 물줄기를 구례 방향으로 넘겼다.' 하여 불리는 무넹기에 다다랐다. 잠깐 멈춰 서서 물소리에 귀를 열었다.

나도 재잘재잘 물소리가 되어 노래하고 시냇물이 되어 같이 흘러간다. 이대로 굽이굽이 천리만리 함께 흘러갈까.

생각을 그치고 에움길을 택하여 점점 무거워지는 다리를 이끌며 지척지척 노고단 고개로 올라갔다. 노고단에 가까워지니 사스래나무, 관목, 초원지대가 우릴 기다리고 있었다. 하나같이 아주 키가 작거나 한쪽으로 가지가 뻗어 있는 나무가 많았다. 돌연히 날씨가 싸늘해지며 산꼭대기에 부연 운무가 일고 있다. 대피소에 들러 커피 한 잔을 사 마시며 움츠러드는 몸을 추스른 다음 다시 정상을 향해 걸음을 재우쳤다.

가파른 길을 조금 올라가니 이윽고 신라 화랑들이 탑을 쌓고 단을 설치했다는 노고단이 모습을 드러냈다. 돌탑 앞에서 사진을 찍고 있는데 저만치 거센 바람과 싸우는 나무 한 그루가 자신의 온 존재를 다해 사운거리고 있다. 예사 나무가 아닌 듯했다. 가까이 다가가 보니 구상나무다. 안내판을 보니 나이가 80살 정도라고 한다.

잠시 발을 멈추고 그 구상나무의 숙명을 생각해 보았다. 우리는 여차하면 이동 생활을 할 수 있지만, 나무는 고착 생활固着生活을 해야 한다. 위기를 만나도 다른 곳으로 피할 수 없다. 하지만 목숨을 누림에 있어서는 우리와 무엇이 다를 바가 있으랴. 그동안 거센 비바람 눈보라를 잘 견뎌 온 것만으로도 찬사를 받아 마땅하다고 여겼다.

이어서 지친 걸음 달래며 나무 계단을 올라갔다. 마침내 해발 1,507m 정상에 다다르자 때마침 자욱하게 짙은 안개가 몰려왔다. 가시거리 몇 미터도 확보되지 않는 상황이었다. 가벼이 여긴 나그네에게 노고단이 화를 낸 걸까. 짙은 운무에 광풍까지 불어 몸이 휘청거렸다. 바로 아래 송신탑만 희끗거릴 뿐 사방이 자욱한 안개로 둘러싸였다. 목청껏 소리 질러도 세찬 바람 탓인지 메아리가 호응하지 않는다.

수십여 년 전 올라와 조망했던 지리산의 웅장한 산자락도, 굽이굽이 흐르는 섬진강 따라 길게 펼쳐진 구례 평야의 풍요로움도 보이지 않았다. 애초 허술한 복장에 마실 물조차 제대로 챙기지 않은 우리에겐 무모한 등반이었다. 견디기 어려웠다. 가까스로 인증사진을 찍고 아쉬움을 달래며 총총히 하산을 서둘렀다.

조금 전 올라왔던 목재 계단을 내려가자마자 언제 그랬냐는 듯 날씨가 잠든 양처럼 온순해졌다. 뜻밖의 변전도 이만하면 극치라 하겠다. 안개가 걷히니 멀찍이 산자락에 싸여 옹기종기 모여 있는 마을이 정겹다. 욕망의 안개가 걷힐 때의 나의 참모습은 어떻게 보일까?

가파른 지름길을 피하여 경사 완만한 굽잇길로 내려갔다. 내리막이 계속되니 오를 때보다 무릎에 부담이 커졌다. 문득 인생길도 매한가지라는 생각이 들었다. 무릇 권좌에 오르기보다 내려오는 일이 더 힘들다고 하지 않던가?

인생길 걷다 보면 눈에 보이고 귀에 들리는 모든 것이 그대로 감수되는 듯하지만, 실상은 그렇지 않다. 내 눈에 보이는 지리산 숲은 아름다움과 추함, 행복과 혼란으로 가득한 모순의 공간으로 보였다. 겉으로는 온갖 동식물의 보금자리처럼 보여도 그 안을 들여다보면 강자만이 살아남는 약육강식의 전쟁터다.

사실 이곳 노고단에서 내원골까지는 육이오 전쟁의 비애가 짙게 배어 있는 곳이다. 빨치산 최후의 항전지대이기도 한 이 일대에서 좌익 우익 간 이념 대립 소용돌이에 휘말려 수많은 목숨이 죽어갔다. 토벌군을 포함, 총 맞아 죽고 굶어 죽고 얼어 죽은 자가 이만여 명에 달했다고 한다. 당시 선친도 반동분자로 몰려 이곳 지리산으로 끌려와 갖은 고초와 호된 문초를 받으셨다. 그야말로 생사경을 헤매다 결국 무혐의로 풀려났지만 험한 밤길을 타고 여러 날 걸려 맨발로 귀환하셨다고 한다. 이런저런 회상에 젖어 새삼 노고단을 바라보니 정적만 흐르고 있다.

나도 침묵에 빠져 서서히 내려오다 보니 어느덧 노고단 고개에 이르렀다. 계속하여 무넹기 굽잇길을 돌아오는데 저만치 아래 성삼재 주차장이 보였다. 땅거미가 그물을 드리우기 전 귀가하려고 내리막 잰걸음에 가속을 붙이니 갈맷빛 능선도 따라온다. 개울가 산죽 가지에 물잠자리는 미동도 없이 앉아 있다.

집에 돌아와서도 노고단의 아름다운 경치를 머릿속에 그려보았다. 딱히 뭐라 표현하기 어렵지만 웅장한 산세에서 풍겨 나온 정기를 마셔서인지 가슴이 정화된 느낌을 지울 수 없다. 형편만 된다면 한시름 내려놓고 또다시 찾아가 그 끝없이 넓게 펼쳐진 원시림에 안기고 싶다.

# 강 하나를 사이에 두고

시원한 소나기가 한바탕 쏟아진 지난 목요일, 임진강과 한강이 만나는 서부전선의 최전방 애기봉 전망대에 올라가 북한 땅을 바라보았다. 반드시 되찾아 가슴으로 끌어안아야 할 우리의 산하가 눈앞에 펼쳐졌다. 땅 가르기와 상관없이 비극의 강물은 서해로 유유히 흐르고 있었다. 바람 따라 흘러가는 조각구름에 애틋한 마음을 실어 보냈다. 강 하나를 사이에 두고 오가지 못하는 실향민들의 안타까움을 머릿속으로 그려보니, 지척이 천 리라는 말이 실감났다.

빤히 건너다보이는 북한의 선전용 위장 마을이 그럴싸하게 보였다. 그러나 정작 주민의 모습은 없고 고요만 감돌고 있었다. 대전차 방벽, 장애물, 흔적선, 북한군의 소대 규모 진지인 쌍마고지, 그리고 가로로 된 도고개를 볼 수 있었다. 도고개의 비탈면에는 교통호 및 참호가 보였다. 이쪽과 비교하여 유달리 나무가 거의 보이지 않았다. 아련히 첩첩한 산 너머로 송악산도 보였다. 우리를 반겨 당장 코 앞으로 달려올 것만 같은데 동족상잔의 전쟁은 아직 끝나지 않았다.

35년간 군 생활을 했다는 전망대 관리소장의 말에 의하면 애기봉의 옛 지명은 여기봉女妓峰이다. 전해 오는 말에 의하면 쑥갓머리산 혹은 쑥대머리봉이라고도 불렀는데 6 · 25전쟁 때 수십 차례 맹렬한 전투가 벌어져 말 그대로 쑥대밭이 되었다고 한다. 역사의 소용돌이 속에서 살다간 전설 속 주인공들의 애절한 사랑 이야기도 들려주었다.

병자호란 때 평안감사가 가장 사랑하는 애첩 '애기'를 데리고 피난길에 올랐다. 그러나 감사는 바로 강 건너에서 청나라에 의해 북으로 끌려가게 되었고, 애기는 한강을 건너게 되었다. 때문에 애기는 매일 북녘 하늘을 바라보며 일편단심으로 감사가 돌아오기를 기다리다 결국 병들어 죽어 가면서, '임'이 잘 바라보이는 봉우리에 묻어달라고 유언했다.

그 뒤 약 300년이 지난 1966년 10월 7일 박정희 대통령이 '애기'의 사연을 듣고, 애기의 한恨은 강 하나를 사이에 두고 오가지 못하는 우리 일천만 이산가족의 한과 같다고 하여 애기봉愛妓峯이라 이름붙이고, 친필로 휘호를 써서 비석을 세웠다고 한다. 지금도 명절이면 실향민들이 많이 찾는다고 한다.

한편 관리소장은 이야기 도중 뜻밖의 말을 꺼냈다. 얼마 전에 탈북민 200여 명을 대상으로 안보 강연을 하던 중, 북한 주민의 인권이 얼마나 유린당하고 있는지를 알게 되었다고 털어놓았다. 그들에게 당신네가 북한에서 지낼 때 가장 두려웠던 것은 무엇이었냐고 물었더니, 굶주림이나 가난보다는 총살과 공개 처형이라고 이구동성으로 대답하여 의아스러웠단다. 실제로 총으로 공개 처형하는 걸 본 적이 있느냐고 물었더니 다들 그냥 웃더란다. 뜻밖의 반응에 어리둥절했는데,

"뭘 그런 걸 다 물어보느냐? 북한 주민이라면 누구나 재판 없이 공개처형하는 장면을 비일비재하게 볼 수 있다."

고 입을 떼더라는 것이다. 그의 말을 듣고 나는 무조건 충성하지 않으면 처형당한다는 두려움 속에 사는 북한 주민의 모습을 떠올려 보았다.

관리소장의 말이 끝나자 우리 일행은 전망대 난간으로 가서 유료 망원경에 500원짜리 동전을 넣고 다시 한번 북녘땅을 살펴보았다. 여전히 북한 병사나 주민들의 움직임은 볼 수 없었다. 공간적인 거리는 지척인데 의식의 거리는 천리만리라는 걸 알았다. 생사의 갈림길을 자유롭게 넘나드는 새들이 부러웠다. 만감이 교차한 채 애기봉을 내려오는 발길이 무거웠다.

주차장 옆 휴게소에 도착하니 경쾌한 가요가 흘러나왔다. 저만치 애기봉 평화공원 조성 계획도가 보였다. 귀향 버스에 올라 자리를 잡았다. 창밖을 바라보면서 나만의 상념에 빠져 있는데 옆자리 친구가 이곳 해병대에서 군 복무를 했던 이야기를 해주었다. 그의 말에 의하면, 해병대란 군대는 한마디로 '악'을 길러주는 곳이란다. 자기처럼 약한 사람이 어떻게 고된 훈련을 견뎠는지 모르겠지만, 무거운 고무보트를 메거나 타고 강화도 갯벌 일대를 휘저으며 다녔단다. 상

륙 돌격 장갑차를 타고 미 해병대랑 같이 연안 상륙 훈련을 받았던 기억도 풀어 놓았다. 죽음을 넘나드는 수상 훈련을 끝까지 버티고 임무를 완수했다는 자랑과 함께 일명 '빳다가'를 소개해 주었다.

> 빳다도 아구창도 나 홀로 씹어 삼키며/ 시궁창과 화장터를 누비고 다녀도/ 사랑에는 마음 약한 의리의 사나이/ 오늘도 고무보트에 목숨을 바칠/ 이름 모를 영혼들도 알아줄 날 있으리라.

친구의 자랑스러운 이야기를 듣고 심장이 뜨거워짐을 느꼈다. 과연 '귀신 잡는 해병'이라는 말이 헛말이 아니구나 생각했다. 용감무쌍한 우리 용사들이 전선을 지키고 있기에 지금의 평화로운 후방의 삶이 있는 게 아닐까 생각하며 통일 조국의 미래를 그려보았다.

민족의 한이 서린 곳, 저곳이 정말 분단된 우리 민족이 사는 곳일까? 강 하나를 사이에 두고 오가지 못하는 조국 분단의 현실이 비통하고 안타까웠다. 일천만 이산가족의 가슴에 응어리진 슬픔이 내 가슴에도 뭉클 와 닿는 듯했다.

쌓이고 맺힌 60여 년의 한恨은 언제나 풀어지려나. 분단의 아픔은 아직 아물지 않았다. 지금부터는 평화 협정을 체결하고 세계평화를 위해서 나아가야 할 때인 것 같다. 높다란 철책은 국경선이 아닌 휴전선이며 전쟁이 끝나는 날 흔적 없이 사라질 것이다. 사발 그릇은 깨어지면 두세 쪽이 나고, 휴전선은 깨어지면 한 덩어리가 된다는 말이 맘속을 맴돌고 있다.

# 순국 용사들을 기리며

눈부신 햇살이 내리는 6월이다. 뜨락에 나와 초록 바람에 나부끼는 나뭇잎을 보니 내 마음도 살랑인다. 맞은편 담벼락에서는 분홍 장미가 황홀한 미소를 짓고 있다. 보기만 해도 흐뭇하다. 가족의 고마움을 일깨워 준 '가정의 달' 5월이 어느새 저만치 물러나고 가족 사랑의 범위를 국가와 민족으로 넓혀 보는 '호국보훈의 달'이 되었다.

해마다 반복하면서도 제대로 된 6월의 의미를 되새겨 보지 못하고 있던 차에, 이번 달 들어 두 차례나 호국 현장을 답사했다. 첫 번째 기회는 지난 14일 찾아왔다. '샘문화답사' 모임에서 계룡대와 국립대전현충원을 견학한다고 하여 동창 모임도 제쳐놓고 따라갔다.

먼저 찾아간 계룡대는 육 · 해 · 공 3군 통합본부가 위치한 국방의 중심지였다. 부대의 용지가 매우 넓고 아름다웠으며, 잘 보존된 자연환경과 역사적 문화유산이 공존하고 있었다. 대체로 웬만한 지방

국립대학교의 캠퍼스 규모였다. 부대 안의 모습은 보이지 않았다. 과연 조선 시대부터 천혜의 요충지로 불릴 만했다.

안내 병사를 따라 강당으로 들어가 계룡대 소개와 안보 교육을 받은 뒤 단체 사진을 찍고 육군 기록 전시관에 들렀다. 이곳은 육군의 태동부터 6 · 25전쟁, 베트남전 파병과 철수, 육군의 전력 강화 등 기록이 살아 숨 쉬고 있었다. 사진전시관에서는 시대별 사진을 통해 육군의 역사를 자세히 알아볼 수 있었다.

곧이어 영내를 둘러본 다음 명예의 전당에 들어가 부대별 전시관, 오천 년 역사의 광장을 견학하였다. 특히 나의 관심을 끈 것은 165,000명의 6 · 25전쟁, 베트남전쟁, 대침투 작전 등에서 목숨을 바치신 분들의 이름이 새겨져 있는 동판이었다. 일행 중 한 사람이 전사자 명단에서 자기 아버지의 성함을 확인하는 모습이 유달리 애처로워 보였다.

이윽고 명예의 전당 밖으로 나와, 조선의 태조 이성계가 이곳 계룡산 일대를 새로운 도읍지로 결정하고 공사에 사용하기 위해 다듬던 주춧돌 및 석재를 구경했다. 잠깐 쉰 뒤에 식당으로 들어가 그날의 장병 표준 식단과 같은 점심을 먹었다. 나의 부사관학군단(RNTC) 시절 육군 35사단에서 훈련받으며 먹었던 음식보다 훨씬 좋았지만, 당시처럼 입맛이 당기지 않는 이유는 무엇일까. 나이 따라 세월 따라 입맛도 변했음을 알아차리니 어이가 없었다.

이어서 일제 침략과 6 · 25전쟁, 월남전 등에서 목숨을 바치신 애국지사와 순국선열, 호국 영령들이 모셔진 국립대전현충원으로 향했다. 도착하자마자 곧바로 현충탑이 있는 곳으로 갔다. 일행 모두 탑 앞에서 옷깃을 여미고 경건한 마음으로 추념하고 공경의 뜻을 나타냈다. 탑 전면에 새겨진 "여기는 민족의 얼이 서린 곳, 조국과 함께 영원히 가는 이들, 해와 달이 이 언덕을 보호하리라."는 글귀가 내 마음을 숙연하게 하였다. 그분들의 충의忠義와 위훈偉勳은 길이길이 추앙받아 마땅하다고 여겨졌다.

명산 계룡산의 맥을 이어받은 명당으로 알려 있는 묘역의 보훈둘레길에는 소나무, 대나무, 메타세쿼이아, 배롱나무가 잘 가꾸어져 숲을 이루고 있었다. 수많은 묘지에는 사랑하는 가족들의 애틋한 마음이 적힌 화환들이 놓여 있었다. 어느 묘지에는 젊은 부부가 데리고 온 아이들이 뛰놀고 있었다. 평화는 무수한 용사들 죽음 옆에 있었다.

누군가의 아들이고 아버지이며 남편이었고 목숨을 나누는 전우였을 거라는 생각을 하니 애석하여 가슴이 먹먹했다. 용감할 때 용감할 줄 알았던 그분들이 계셨기에 오늘의 자유와 평화가 있음을 알았다. 조국과 민족의 안녕을 위하여 희생하고 찰나의 생을 여기에 묻었지만, 넓은 나라의 번영을 위하여 억겁의 세월로 지켜 달라고 염원하면서 현충원을 뒤로했다.

이날 나는 일명 옥타곤, 국토방위의 심장인 계룡대에서 수고하는 장병들의 모습에서 나라 지킴의 소중함을 느꼈고, 국립묘지에 영광스럽게 안치된 애국지사와 순국선열, 호국 영령들을 추모하면서 나라 사랑의 의미를 깊이 되새겨 보았다.

며칠 뒤, 잊혀가는 한국전쟁에 대한 새로운 해석과 올바른 이해를 할 기회가 다시 왔다. 지난 19일 정읍시문화답사회 일원으로 동두천시 자유수호평화박물관을 탐방하였다. 소요산을 배경으로 한 박물관 입구에 들어서자 야외에 6 · 25전쟁 때 전투에 쓰였던 탱크와 장갑차, 항공기 등이 전시되어 있어 전쟁을 체험한 노년층 일행의 아픈 기억을 떠올리게 했다. 안으로 들어가 보니 참전국의 자세한 활약상이 담긴 게시물과 다양한 전쟁 전시품이 있었고, 그것들을 볼 때마다 전쟁의 끔찍함을 새롭게 느낄 수 있었다.

국제연합군 일원으로 16개 국가가 참전하고, 5개 국가가 의료로 도와주었기에 지금의 대한민국이 존재할 수 있었다는 사실에 무척 감사함을 느꼈고 동시에 우방이 위험에 처했을 때 우리가 도움을 주어야 할 이유를 깨닫게 되었다. 전쟁에 참여한 16개 국가별 병력 피해를 살펴보니 가장 많은 사상자를 낸 국가는 미국이었다. 참전 인원 5,720,000명에 이르렀다는 미국의 피해는 전사 54,246명, 부상 468,659명, 실종 739명, 포로 4,439명이라고 기록되어 있었고 그 규모의 크기에 새삼 놀라움을 금치 못했다.

지난 14일 계룡대 견학에서 얻은 육군본부의 자료에는 미국의 참전 인원이 1,789,000명, 전사 36,940명, 부상 92,134명 실종 3,737명, 포로 4,439명이라고 했는데 포로 숫자만 같을 뿐 두 통계 자료에 현격한 차이가 있어 갈피를 잡을 수 없었다. 아무튼, 자료의 정확성과는 상관없이 우리나라와 미국의 군사동맹이 중요하고 필요한 이유를 숨김없이 보여주는 예시가 아닐까 싶었다.

두 차례에 걸친 답사는 호국보훈에 대한 나의 인식을 새롭게 해 주었다. 나라를 보호라고 지키신 분들의 공로를 결코 잊지 못 할 것이다. 6 · 25전쟁으로 350만 명의 피해와 1천만여 명의 이산가족, 전 국토의 초토화되었음에도 불구하고 우리는 세계가 깜짝 놀랄 만한 경제 발전을 이뤘다. 그러나 6 · 25전쟁의 상흔은 여전히 지워지지 않고 있다.

전쟁은 아직 끝나지 않았다. 정작 휴전 중이라는 엄중한 본질이 간과되고 있는 것 같다. 지금도 나라의 부름을 받은 젊은이들이 군에 입대하여 휴전선을 지키고 있지 아니한가. 전쟁의 상흔으로 병상에 누워 계신 수많은 전상 용사, 망부의 한을 가슴속에 묻고 한평생을 외롭게 살고 있는 유족들이 또 어디 한두 명인가. 이러한 사람들의 희생이 없었다면 지금 내가 이렇게 안전하고 평화롭게 살기 어려웠으리라.

호국 보훈의 달의 의미를 다시금 되새기면서 소중한 생을 조국에 바친 분들을 기리어 본다.

# 느리고 평화로운 청산도

다정한 벗들과 함께 청산도에 들어갔다. 모든 잡념을 버리고 푸른 바다와 신선한 공기를 마음껏 마시며 자연과 동화된 한가로움에 젖다가 돌아왔다.

청산도에 도착한 첫날, 펜션에 짐을 풀고 점심을 든 뒤 슬로(slow)길을 따라 권덕리에서 구장리로 이어진 '낭길'을 걸었다. 겨우 사람 하나가 지나갈 만큼 좁은 오솔길에는 이름 모를 각종 들풀과 풀꽃들이 반겨 맞아주었다. 숲은 동백나무, 후박나무, 곰솔 등으로 무성했다. 고즈넉한 고요만이 흐르고 있었다. 한참을 걷다 보니 천길만길 아래 가파른 낭떠러지가 발아래 펼쳐졌다. 마치 하늘에 떠 있는 듯, 바다에 떠 있는 듯 신비로운 운치였다.

이어서 들판 길을 지나 당리마을 언덕길을 올라가니 주위에 빨갛고 화려한 양귀비꽃들이 청보리들과 어우러져 그림 같은 풍광을 자랑하고 있었다. 조금 올라가니 영화 〈서편제〉의 촬영지가 나타났다. 살며시 눈을 감으니 영화 속의 장면이 절로 떠올랐다.

청보리와 유채꽃이 아름다운 돌담길 사이로 남루한 행색의 세 남녀가 〈진도 아리랑〉을 부르며 어깨춤을 춘다. 연이어 펼쳐지는 영상 속 풍경에 빠져든다. 마치 꿈을 꾸는 것 같다.

잠시 뒤 회상에서 깨어나 돌담길을 따라 거니니 청보리밭을 흔드는 바람이 사르르 다가와 옷깃 사이로 스며들었다. 손을 곱게 모으고 소리쳐 누군가를 부르면 저편 언덕마루에서 이내 정겨운 미소가 손을 흔들며 반길 것만 같다.

돌담길 끝에는 드라마 〈봄의 왈츠〉가 촬영된 세트장인 언덕 위의 하얀 집이 자리 잡고 있었다. 당일치기로 몰려온 온 관광객들이 북새통을 이루고 있었다. 세련미가 물씬 풍기는 여인이 하얀 집을 배경으로 사진을 찍는 자태가 멋져 보였다. 끌리는 매력에 내 눈은 그 여인의 뒤만 따라다녔다. 마음이 말려도 소용이 없었다.

도청항으로 가서 저녁 식사를 하고 숙박할 펜션으로 갔다. 밤이 되니 어디선가 소쩍새가 울어댔다. 갯바위로 낚시하러 갔다. 기대한 고기는 반응이 없었으나 파도도 잠든 밤 바닷가에서 낭만에 젖어 이야기꽃을 피우는 재미로 시간 가는 줄 몰랐다.

이튿날 아침 식사를 마치고 말탄바위와 범바위 사이의 명품 길을 걸었다. 손바닥만 한 계단식 논밭을 지나 언덕에 올라서니 말탄바위다. 해안의 수려한 절경이 파노라마처럼 보였다. 울렁출렁 일렁이는 에메랄드빛 파도가 영롱했다. 발밑을 내려다보니 가파른 벼랑 아래로 하얗게 물보라가 부서지고 있었다. 눈을 들어 보니 멀리서도 섬 너머로 가없는 망망대해가 펼쳐졌다. 배 한 척 갈매기 한 마리도 보이지 않았다. 우두커니 바라보고 있으니 마음이 평안해지며 '강 같은 평화'가 밀려왔다.

일행은 저만치 앞서가고, 잠깐 바위에 걸터앉아 느릿한 마음으로 생각에 잠겨 보았다. 그동안 내가 억압했던 감정과 감각을 고스란히 느꼈다. 내 몸에 대해, 내 마음에 대해 얼마나 함부로 굴었는지. 그리고 왜 그렇게 아등바등 살았는지 부끄러워졌다.

말탄바위에서 안부로 내려섰다가 올라가면 범바위인데, 청산도에서 살던 호랑이가 자신이 울부짖는 소리가 범바위에 부딪히면서 크게 울려 퍼지자 다른 힘센 호랑이가 살고 있는 줄 알고 겁을 내 섬 밖으로 도망갔다는 재미있는 전설이 내려오는 곳이다. 일정이 빠듯하여 우리 일행은 제주도가 선명하게 보인다는 전망대까지 오르지 못한 아쉬움을 달래며 숙소로 내려왔다.

짐을 꾸려 도청항으로 갔다. 오만 원에 흥정하여 개인택시를 타고 돌아다니기로 했다. 먼저 시멘트로 포장된 화랑포길을 돌았다. 초분草墳이 있다고 한다. 눈여겨볼까 했으나 내키지 않아 안내 말만 들었다.

옛날에는 집안 어르신이 돌아가시면 뱃일을 나간 아들이 돌아온 뒤 장례를 치르고자 풀로 임시 무덤을 만들었는데, 그게 바로 초분이다. 요즘은 번거롭고 돈도 많이 든다는 이유로 청산도에서도 점차 사라지고 있다고 한다.

한 바퀴 돌아 다시 화랑포 입구 네거리로 왔다. 도로를 따라 새 땅끝을 한 바퀴 돌아와 창밖으로 보이는 다랭이논을 구경하며, 상서돌담마을회관 둥구나무 앞에 도착하였다.

골목길을 들어서니 풋풋한 텃밭 냄새, 갈마들며 코끝을 오가는 구수한 외양간 여물 냄새, 층층이 쌓아 올린 돌담과 대나무로 엮은 사립문이 소박하게 지어진 농가와 조화를 이루어 포근한 정취를 풍기고 있었다.

이어서 일주도로를 따라가면서 매봉산 자락의 구들장논을 구경하였다. 구들장논은 척박한 지형인 비탈을 개간해 전통온돌에 쓰이는 구들장을 논바닥 밑에 깔아 통수로 역할을 하게 하고 그 위를 흙으로 덮어 만든 논이다. 농업환경을 극복하려는 400년 전 우리 조상의 지혜를 엿볼 수 있었다. 주로 친환경농법으로 농사를 짓고 있기 때문에 3억 년 전 고생대부터 모습이 거의 변하지 않아 '살아있는 화석'이라 불리는 멸종위기의 판정을 받은 긴 꼬리 투구새우도 서식하고 있다고 한다.

바다를 배경으로 어촌마을과 신흥리 해수욕장, 지리 청송해변, 단풍길을 지나 12시 20분 출항하는 배를 타려고 도청항에 도착했다.

청산도는 이름처럼 바다와 하늘, 심지어 들판까지 온통 푸른빛이었다. 청산도는 느림을 통해 행복을 일깨워 주는 섬이다. 우리나라 고향 마을의 원형을 간직하고 있어 2007년 슬로시티로 지정되었다.

'슬로시티'는 과거와 현대의 조화를 통한 '느리지만, 행복한 삶'을 추구하며 자연환경과 고유음식, 전통문화 등을 지키며 지속할 수 있는 발전을 추구하는 지역 공동체를 의미한다. 세계시장이 한국의 '속도전' 성공 신화를 본보기로 하는가 싶더니, 어느새 요즈음 느림과 여유를 강조하는 '슬로우slow'가 새로운 가치로 떠오르고 있다.

프랑스 사회학자 피에르 쌍소(Pierre Sansot)는 느림(slo)을 '부드럽고 우아하고 배려 깊은 삶의 방식'이요 '개인의 자유를 일컫는 가치'로 이해한다. 그는 '빨리빨리' 살면서 놓쳤던 삶의 의미, 인생의 목표, 세계와 나 등 조금은 거창한 주제를 사색하고, 인생의 진정한 가치를 발견할 것을 권하고 있다. 그는 느리게 사는 지혜 중 '한가로이 거닐기'를 손꼽았다.

우리에겐 쉼표가 필요하다. 프랑스 철학자 파스칼(Pascal)은 "인간의 모든 불행은 단 한 가지, 고요한 방에 들어앉아 휴식할 줄 모른다는 데서 비롯된다."고 말했다.

답답하고, 짜증나고, 반복되는 일상에 지쳐갈 때, 바쁜 인생길에서 문득 한번쯤 쉬었다 가고 싶을 때, 잠시 쉼표를 찍고 편안한 마음으로 또다시 청산도로 여행을 떠나 보고 싶다.

# 3

# 외로움이 깊어질 때

## 나의 술타령

술맛을 알게 된 지가 육십 년이 넘는다. 농사철이 되면 한창 일손이 바빴던 어린 시절, 부모님의 심부름으로 동구 밖 주막에 가서 막걸리를 받아 집으로 가는 길에 호기심으로 몇 모금씩 마셔 보았던 기억이 생생하다. 새콤달콤 텁텁한 막걸리 맛을 들이기 시작한 건 아마 그때부터였지 싶다.

술 추억을 떠올리다 보니 술 생각이 절로 난다. 오늘처럼 무더운 날엔 허물없는 술벗들과 분위기 있는 단골집에서 생맥주를 마시는 게 최고다. 첫 잔은 눈 질끈 감고 벌컥벌컥 들이켜야 목젖을 타고 내려가는 짜릿한 제맛이 살아난다. 한두 잔 건배하다 보면 마음이 우쭐우쭐해지고 평소 눌려 있던 객기가 불쑥불쑥 솟아오른다. 이슥고 얼큰하게 취기가 달아오르면 말이 많아지고 기고만장해진다. 예의 염치 체면치레에서 벗어나 세상 무서운 줄 모른다. 별 볼일도 없는 주제에 쥐뿔도 모르면서 큰소리 빵빵.

아침에 눈 비비고 일어나면 입에서는 문뱃내만 확확 풍겨 나올 뿐 '허허 쓸쓸' 주변은 아무도 없고 홀로다. 골치가 지끈거리고 타는 목마름이 먼저 찾아온다. 냉수 한 사발을 벌떡벌떡 들이켠다. 목울대를 타고 내려간 시린 기운이 온몸으로 파고든다. 진땀이 나고 진저리 쳐진다. 지난밤 술 가득 들고 쾌락을 추구한 업보를 받아야 한다. 쾌락의 강도가 클수록 고통도 커지게 된다는 '쾌락의 역리'를 왜 미리 몰랐던가.

내가 술의 마력에 빠진 건 직장생활을 시작한 지 삼 년이 채 못 된 스물다섯 살 무렵부터였다. 퇴근하기가 무섭게 거의 매일 밤낮으로 친구들과 어울려 술독에 빠졌다. 토요일이면 정오부터 자정까지 술집에서 술집으로 전전하기도 했다. 눈먼 수탉 꺼들먹거리듯 좌충우돌, 가리지 않고 겁도 없이 퍼 마셔댔다. 1970~80년대의 시대 분위기가 술을 마시게 했는지도 모르고 젊음이 술을 마시게 했는지도 모른다. 어쨌든 술은 자유요, 낭만이었다. 술만 마시면 억만 시름이 도망갔다.

술 하면 떠오르는 추억 한 토막이 있다. 과음을 다반사로 했던 그 시절, 해가 뉘엿뉘엿 질 무렵 어느 날, 단골집에서 허물없는 술친구 셋이 모여 안주를 주문하고 있는데 마침 안면이 있는 여인네 셋이 들어왔다. 남녀가 동석하면 술맛이 저절로 나는 법. 자연스레 그네들과 합석하게 되었다. 분위기가 무르익고 순배가 더욱 잦아졌다. 얼씨구 좋다. 요런 술판이 또 어디 있으랴. 좌중 모두 취흥이 도도

해졌다.

그때 거나해진 한 친구가 술기운을 달랠 겸 야외로 드라이브라도 가서 시원한 공기 좀 쐬고 오자고 의견을 냈다. 모두 동의하고 밖으로 나와 그의 자가용 코티나 마크5에 몸을 맡겼다. 한참 후 차가 시내를 벗어나자 운전대를 잡은 친구가 갑자기 목청을 돋우어 구성진 가요 한 가락을 뽑았다. 선창이 끝나니 누가 먼저라 할 것 없이 노래의 바통을 서로 주고받았다. 누군가 앞 한 소절을 시작하면 죄다 하나가 되어 흥얼흥얼 따라 불렀다. 잇달아 쏟아지는 박수와 환호로 밤이 가고 동쪽 하늘이 훤해지는 줄 몰랐다.

한편, 무도한 술주정을 하다가 몰매 맞을 뻔한 일도 있었다. 한 잔 두 잔 겨우 마시던 배움술이 어느 사이에 말술이 되어 가던 어느 날, 왈짜들의 출입이 잦은 시장통 어느 안방술집에서 직장 선배와 권커니 잣거니 얼큰히 취기가 돌 때였다. 무슨 일로 콩팔칠팔 시비가 벌어졌는지 자세히 기억나진 않지만 내가 입에 머금었던 술을 옆 좌석 주객들 얼굴에 내뿜으며 깡다구를 부린 장면은 엊그제처럼 여실하다. 지렁이도 밟으면 꿈틀하는 법. 순식간에 술판이 뒤집어지고 수라장이 되려는 찰나, 민첩한 슬기로 끼어들어 한사코 나를 감싸고 그들을 말린 한 여종업원의 덕으로 간신히 곤경을 벗어날 수 있었다. 그녀가 아니었으면 사건이 크게 터지고 직장에서도 징계를 받아 어찌 되었을지도 모른다. 지금 생각해도 아찔하다.

사실 그 시절 나의 주량은 큰 편이 아니었다. 소주 서너 잔, 맥주 네댓 잔, 막걸리 두세 잔 정도까지는 그럭저럭 견딜 만했다. 그런데도 어떤 날엔 열 군데도 넘게 술집을 옮겨 다녔다. 분위기가 그윽하거나 멋진 느낌이 감도는 술친구들과 어울려 청탁불문 마시다 보면 소위 필름이 끊기는 경우도 있었다.

하지만 이렇게 날마다 밤늦게까지 술타령이니 몸이 천하장사인들 견딜 수 있겠는가. 독한 술기운을 배겨내지 못한 몸이 마침내 건강 적신호를 켰다. 수면 부족으로 눈이 충혈되고 눈시울 아래에는 거먼 윤곽이 생길 때가 많아졌다. 마흔 살이 가까워진 어느 해 봄, 거울을 보니 얼굴에 거뭇한 기미가 부쩍 끼었다. 낯빛까지 까칠해질 수밖에. 내 얼굴을 찬찬히 살펴보시던 어머니도 "왜 얼굴에 성질이 쓰여 있냐?"고 하셨다. 나이 마흔이 되면 자기 얼굴에 책임을 져야 한다는 말이 퍼뜩 떠올랐다.

그 뒤 작심하고 술을 슬슬 줄여 갔다. 휴일이 되면 붕어낚시를 즐겼다. 숙취했던 이튿날 한나절만 물가에 낚시를 드리우고 앉아 있노라면 술기운은 어느새 도망가고 입맛이 살살 당겼다. 일과가 끝나고 틈이 나면 우리 집 개를 데리고 뒷동산에 올랐다. 등산을 좋아하는 동료들을 따라다니기 시작했다. 자연히 술 마실 기회가 줄어들 수밖에… 채 일 년이 안 되어 얼굴에 기미가 없어졌다. 변화는 그것만이 아니다. 은근히 나던 술 생각이 뜸해졌다. 마침내 술독으로부터 빠져나올 수 있었다.

생각해 보면 이 세상에 술만큼 좋네, 나쁘네, 예찬과 혹평을 동시에 받아 온 건 그리 많지 않다. 온갖 삶의 애환이 술과 얽혀 얘깃거리로 되고 격언도 넘치지만 아무도 술을 이길 수는 없었다. 내 경우도 술의 유혹에서 완전히 벗어난 건 아니다. 지금도 어쩌다가 알 수 없는 그리움이 가슴에 사무치거나 엉킨 실타래 같은 괴로움으로 갈피를 잡을 수 없을 때는 마음에 맞는 친구와 못하는 술이지만 실컷 마시며 더불어 잊고 싶은 충동이 일어난다. 다만 내 몸에 맞게 마시고 삼가고 있을 따름이다. 아무튼, 술에 장사 없고, 술꾼에 제명 없다는 말을 가볍게 새길 일은 아니다.

# 어쩌다 혼밥족이 되어

오늘도 아내는 일하러 밖에 나갔다. 어둑해져 집으로 돌아오자마자 밥솥부터 열어보며 “밥 좀 지어 놓으면 어디가 덧나?” 핀잔을 놓을 게 뻔하다. 그래저래 저녁밥 짓기는 으레 내 차지다. 이제는 밥 짓고 상차림을 하는 일에 이골이 나려고 한다.

사실 알고 보면 나의 혼밥은 최근 시작된 게 아니다. 한 칸짜리 방을 얻어 손수 밥을 지어 먹던 대학 시절과 접점을 이루고 있다. 고봉밥을 먹어도 금방 허기지던 그 시절 나는 자취 초년생이었다. 끼니때마다 기껏 한두 가지 반찬으로 때울라치면 무쇠라도 녹일 만한 식성이 아우성치듯 했다. 이럴 때면 하는 수 없이 도청 옆 골목길에 있는 즐비한 음식점 중에서 반찬이 많이 나오는 진고개 식당을 찾아갔다. 그 당시에는 무려 스무 가지가 넘는 각종 반찬이 나왔다. 빈속을 달래고 남은 반찬은 염치 불고하고 깡그리 챙겨 와서 자취 반찬으로 두고 먹었다. 누가 보아도 참 청승맞은 행위였지만 어찌 보면 나 자신 혼밥족 연습이 아니었던가 싶다.

얼마 전 아내가 여행을 떠나 여러 날 집을 비웠을 때도 혼자 밥을 해 먹어야 했다. 밥 짓기는 쌀만 안치면 저절로 밥이 되는 전기밥솥이 있으니 쉬운 일이나 국을 끓이고 반찬 만들기는 엄두가 나지 않았다.

아내가 없으면 아무래도 밥상이 어설프기 미련이다. 첫날 세 끼는 미리 지어 놓은 밥과 냉장고의 무, 깻잎, 배추김치로 때웠다. 이내 입맛이 변덕을 부렸다. 그다음부터는 조리하기가 간편한 라면이나 누룽지를 끓여 끼니를 잇기도 하고 편의점에서 사 온 간편식으로 식사를 대신했다. 매번 혼자 챙겨 먹자니 밥때가 되어도 자연 심드렁해질 수밖에 없었다. 한두 끼 거르기는 물론이고 순탄했던 식성도 내리막으로 접어들기 시작했다.

요즘 들어 1인 가구가 늘어남에 따라 홀로 즐기는 문화가 퍼지고 있다. 혼자 먹는 밥, 혼자 마시는 술을 뜻하는 '혼밥', '혼술'이란 신조어도 등장했다. 이런 말이 시대를 상징하는 단어가 될 줄은 몰랐다. 얼마 전까지만 해도 혼자 밥 먹기는 궁상과 외로움의 상징이었다. 지금은 고급 식당에서 홀로 식사해도 전혀 이상한 시선을 받지 않는다. 어느새 혼밥, 혼술은 대세가 되고 있다. 신세대나 노인세대나 마찬가지다. 혼밥 열풍이 일상의 자연스러운 풍경으로 자리 잡고 있다.

어쩌다 보니 나도 혼밥족이 되어가고 있다. 봉급생활할 때는 직장에서 급식하는 밥 외에 매 끼니를 아내가 차려 주었다. 퇴직 후에는 상황이 바뀌었다. 이렇다 할 일거리 없는 나는 방안퉁소로 지낼 때가 많아졌고 아내는 바쁜 일상으로 출타가 잦아졌다. 그러다 보니, 밥상을 혼자 차려 먹는 일이 다반사로 되었다. 종종 거들어 주었던 부엌일도 예사로 맡아 하게 되었다.

원래 우리 전통 식문화도 '혼밥'이었다. 얼굴 마주 보고 밥알 튀기며 먹는 것 자체가 실례였기에 한 사람씩 독상을 차려 먹었다는 얘기가 있다. 불과 백 년 전만 해도 가가호호 소반이 즐비하게 걸려 있었고, 신분 고하를 막론하고 어린애까지 몫몫이 독상을 차지하여 식사해 왔는데, 일제 강점기와 육이오 전쟁을 거치면서 먹고 살기 힘들어지자 겸상 문화가 자리 잡았다고 한다.

그동안 나의 혼밥 경험을 돌이켜보면 장점도 많았다. 우선 원하는 시간과 장소에서 먹고 싶은 음식을 맘껏 먹을 수 있어서 좋았다. 식사 속도가 느리거나 빠른 사람과 보조 맞춰 먹을 일이 없고 음식 맛을 충분히 음미할 수 있었다. 재미없는 농담에 억지로 웃어주지 않아서 좋았고 침묵을 메울 이야깃거리를 찾지 않아서 편안했다.

하지만 아무리 좋은 것도 지나치면 모자람만 못하듯 혼밥이 마냥 좋기만 한 건 아니다. 이웃을 만나 같이 음식을 먹으며 이야기 나누는 것도 원초적 즐거움이다. 나는 일주일에 두세 번 이상 가깝게 지내는 사람들과 모여 함께 음식을 먹는다. 여럿이 먹으면 더 맛있다. 식사는 단순히 먹는 것이 전부가 아니다. 소통하고 정을 나누는 행위다. 처음 만난 사람과 밥을 먹음으로써 서먹서먹한 분위기를 풀기도 하고 소원했던 관계를 회복시키기도 한다.

내가 어릴 적만 해도 가족을 가리켜 '식구'라고 하는 게 어색하지 않았다. 식구라는 말 그대로 가족들이 한 상에 둘러앉아 끼니때마다 함께 먹는 즐거움이 가득했다. 밥 먹을 시간이 되면 집에 들어갔고 누군가 오지 않았으면 배고픔을 견디며 기다렸다. 밥을 먹는다는 건 허기를 채우는 것 이상의 의미를 지녔다. 온 식구들이 식탁에 앉으면 화목한 분위기가 넘쳐흘렀다. 밥상머리마다 정이 서리고 이야기 꽃이 피어났다. 나는 지금도 가족들의 식사 시간이 즐거워야 행복한 가정이라고 생각하고 있다.

하긴 스스로 원해서 혼밥족의 대열에 낀 사람이 얼마나 있으랴. 내가 혼밥족이 된 과정을 뒤돌아다보아도 자발성보다 부득이한 사정이 더 많았다. 어찌 보면 '느림'의 삶을 살았던 옛날과 달리 '빨리빨리'를 중시하는 최근의 사회 풍조가 혼자 밥 먹기의 불가피성을 초래하지 않았나 싶기도 하다.

그나저나 세상이 바뀌고 함께 먹을 사람이 없다고 해도 미각이 주는 즐거움이 감소하는 건 아니다. 예나 지금이나 혼자 먹거나 여럿이 같이 먹거나 맛있는 건 매일반이다. 독상이든 겸상이든 간에 맛있고 즐겁게 먹는 행복은 같아야 하지 않을까.

다시 생각해본다. 이 세상에서 정말로 기쁨을 가져다주는 것은 얼마나 있을까? 나라면 두말할 나위도 없이 음식을 첫손으로 꼽을 것이다. 나 같은 평범한 일상에서 먹는 재미만 한 것이 과연 얼마나 더 있겠는가.

어쩌다 혼밥족의 대열에 서게 되었을까. 이런 자문을 되풀이해온 게 한두 날이 아니다. 이래저래 밥에 대한 고민과 대응은 내 삶의 끝 날까지 여전히 끝나지 않을 것이다.

# 외로움이 깊어질 때

오랜만에 바람을 쐬려고 논두렁길을 걸었다. 따사로운 가을 햇살 아래로 벼가 누릇누릇 익어가고 있었다. 잠시 걸음을 멈추고 아무도 없는 둑에 앉아 쉬었다. 눈앞 들판에는 풍요의 기운이 넘쳐나는데 뭔가 쓸쓸하고 가슴 한구석이 텅 빈 듯 허전했다. 문득 "봄이 되면 여자는 생각이 많아지고, 가을에는 선비의 마음이 슬퍼진다."라는 옛말이 떠올랐다. 아마도 외로움을 타기 쉬운 계절 탓인가 보다. 속으로 그러거니 여겼다. 그러나 산책을 마치고 집으로 돌아와서도 허전했던 여운이 감돌았다.

한참 동안 마음을 가라앉히고 차분히 지난 시절의 회상에 잠겼다. 어릴 적 나는 형제가 없어 외로움을 느끼며 자랐다. 유아 시절 날씨가 풀리면 양지바른 흙마루 밑에서 혼자 흙장난을 하며 놀기를 좋아했다고 훗날 어머님이 귀띔해 주셨다. 사춘기에 접어든 뒤로는 이따금 까닭 모를 그리움과 외로움으로 정신적 방황을 시작했다. 무한량한 별들이 뿌려진 밤하늘을 바라보며 끝없는 외로움에 잠길 때도 더러 있었다. 일부러 고민을 털어놓을 만한 단짝 친구를 사귀어 외로움을 달래기도 했다.

어른이 되어서도 외로움을 느끼기는 마찬가지였다. “그대가 곁에 있어도 나는 그대가 그립다.”라는 류시화의 시처럼 때로는 친구나 가족 심지어 사랑하는 사람이 옆에 있어도 마음 한구석에 서려 있는 허전감이 걷히지 않았다. 방에 홀로 있을 때보다 여러 사람과 같이 있으면서도 오히려 고독을 느낄 때도 있었다.

인류의 스승들은 어떠했을까? 공자는 춘추시대 혼란기를 살면서 사람다운 길道을 놓고자 중원을 헤매며 다닌 사람이다. 자신을 아는 이가 없었지만 탓하지 않았다. 《논어》 ‘헌문’ 편에 “아래로부터 배워 위로 통달하여 나를 아는 자는 하늘일 것이다.”라는 공자의 고백이 있다. 이 말에는 고독한 사람의 가슴 속 깊은 곳에서 우러나오는 외로움이 배어 있다.

예수는 따르는 무리가 자기를 에워싸는 것을 보고 건너편으로 가기를 명한다. 그때 한 서기관이 나와 “선생님이 어디로 가시든지 저는 따르리다.” 하고 아뢰니 “여우도 굴이 있고 공중의 새도 거처가 있되 인자는 머리를 둘 곳이 없다.”(마8:20)고 하였다. 정처 없는 인생의 외로움을 갈파한 말이라고 생각한다. 비록 수많은 사람에 둘러싸여 있어도 외로움을 느끼는 게 인간이다.

어차피 인생이란 혼자 왔다가 혼자 가는 것이 아닌가? 지금 외롭지 않다고 해도 언젠가는 외로워진다. 누구를 막론하고 홀로 세상에 나와서 홀로 떠나기 마련이다. 바로 얼마 전 우리 아파트에서 고독사孤獨死가 일어났다. 혼자 외롭게 지내다 죽음을 맞이했다고 한다. 아파트는 서로 모르는 사람이 모여 살기 때문에 이웃이라는 연대감이 희박하다. 대화나 소통이 거의 없다 보니 고독사나 자살의 원인이 되기도 한다. 아파트로 대표되는 우리나라의 주거문화가 이웃과의 소통을 단절시키고, 소외된 공간 속에서 외톨이를 양산하고 있는 것 같아 씁쓸했다.

외롭지 않은 사람이 얼마나 있으랴. 살다 보면 외로움이 깊어지는 시간이 있기 마련이다. 홀로 와서 홀로 가야만 하는 인간은 결국 외롭고 고독한 존재다. 돌이켜보면 나의 삶도 고독과 방랑으로 이어진 것 같다. 뜬금없이 찾아오는 까닭 모를 그리움과 외로움으로 헤맬 때가 더러 있었다. 그럴 때는 세상에 아무도 없는 듯한 고요함 속으로 몰입하여 외로움의 본질을 밝히려고 했으나 아직은 아리송할 뿐이다.

작가 한상복은 그가 지은 책 《지금 외롭다면 잘되고 있는 것이다》에서 오히려 철저하게 '외로움' 속으로 걸어 들어가 '더 좋은 외로움(solitude)'으로 도약하기를 권하고 있다. 그는 갈릴레오, 베토벤, 아인슈타인, 그리고 현대의 빌 게이츠와 스티브 잡스 등을 사례로 들어 외로움과 결핍을 창조로 연결한 '외로운 창조자'가 유난히 많다고 분석했다. 그들은 외로움 앞에 우뚝 섰고, 외로움이라는 에너지를 이용해 누구도 따라오지 못할 업적을 남겼다는 것이다.

외로움은 삶이 우리에게 던지는 화두가 아닐까? 어느 날 문득 이 세상에 나는 혼자구나 하는 외로움이 사무칠 때는 인생의 근원적 문제인 삶과 죽음에 대한 사색과 성찰의 시간을 가져 보아야겠다. 세상에 혼자 남겨진 것 같은 외로움에 빠졌을 때, 손을 내밀어 붙잡아 주고, 마음을 이해해주며, 품에 끌어안아 주는 사람이 단 한 명이라도 있다면 이미 튼튼한 삶의 동아줄을 잡고 있는 것이나 크게 다름없으리라. 살뜰하고 따뜻한 벗과 햇살 좋은 공원을 산책하면서 외로움을 떨쳐 볼 생각이다.

# 그리운 것은 그리운 대로

하루쯤 그리움에 자박여도 좋을 햇살 고운 가을날이다. 창가에 기대서서 파랗게 탁 트인 하늘을 우두커니 바라보니 문득 보고 싶은 얼굴들이 떠오른다. 돌이켜보면 나는 누군가를 늘 그리워하며 살았나 보다.

초등학교 시절 같은 반이었던 한 여학생을 좋아한 적이 있다. 그녀는 늘 멋쟁이 차림새였다. 그 당시 누나들의 혼숫감으로 선호되었던 벨벳 옷감으로 만든 옷을 입고 다니던 모습도 기억난다. 공부를 잘하고 얼굴도 예뻐서 은근히 부러웠고 단짝처럼 가까이 지내고 싶었다. 그녀가 말만 걸어도 수줍음에 얼굴을 붉히곤 했다.

학교를 졸업 후 진로가 달랐던 그녀와 나는 한동안 감감소식으로 지냈다. 그래도 그녀에 대한 그리움은 내 가슴 한구석은 늘 연분홍 그리움으로 물들어 있었다. 그러던 어느 날, 초등학교 동창끼리 모여 이야기를 나누다가 우연히 그녀의 소식을 들었다. 당장 달려가 보고 싶은 마음이 굴뚝같았지만, 다음 달 모임에 그녀가 나오도록 연락하였다.

드디어 만났다. "아이고, 오랜만이네." 서로 수인사한 뒤에 자리에 앉았다. 찬찬히 그녀를 바라보았다. 덧없는 세월 때문인가. 꽃다웠던 옛 모습은 온데간데없다. 어릴 적 모습과는 영 딴판이었다. 우연히 길거리에서 마주친다고 해도 아주 몰라볼 정도로 변한 모습이었다.

그녀는 한때 잘나갔던 삶을 화제에 올렸으나 말씨나 행색은 궁색한 데가 있었다. 산전수전 다 겪으며 굴곡이 많은 삶을 살았음을 짐작할 수 있었다. 그동안 겪은 신산을 어찌 말로 다 할 수 있으랴. 그녀의 끝내는 말 속에는 다 하지 못한 많은 얘기가 숨겨져 있는 듯 느껴졌다.

그리운 이를 만나면 참 기쁘고 즐거워질 줄로만 알았는데…. 물론 그날 그녀를 만나서 반가웠고 그리움과 궁금증도 풀었지만 헤어진 뒤에는 가슴 한구석이 아프고 허전하기만 하였다.

세월이 흐르는 동안 어찌 그녀만 몰라보게 변했겠는가. 그녀가 본 내 모습도 마찬가지였으리라. 어찌 내 마음에만 애틋한 여운이 남겠는가. 그때 그녀의 마음도 별반 다르지 않았을 터, 그날 차라리 만나지 말았어야 했다. 그녀를 떠올릴 적에는 마음이 애잔해지기만 하다.

흘러간 시절은 되돌릴 수 없듯, 그리워했던 사람을 다시 만나도 어쩔 수 없는 아쉬움이 남을 수 있다는 걸 느꼈다. 그리움은 그리운 대로 두고 어쩌다 생각이 나면 꺼내 보는 것이 더 나을 수도 있겠다는 생각도 했다.

이제 그녀를 그리워하는 마음은 사라졌지만, 여전히 유년 시절의 추억 속에서 어여쁜 소녀로 오래도록 간직될 것이다.

# 어떤 늦바람

되돌릴 수 없는 지난날을 돌이켜보고 있자니, 이제부터라도 후회 없는 삶을 살아야겠다는 생각이 들었다. 글쎄, 후회 없이 산다는 것은 무엇일까? 늘 그렇듯이 일상의 삶에 쫓겨서 그냥 하루하루를 보내는 삶은 분명 아닐 것이다. 진정으로 하고 싶은 일을 하면서 사는 사람이 후회 없는 삶을 살 것 같다. 어쨌든, 인생의 완숙기는 늘그막에 있을 성싶다. 바로 내 연령대가 정말 내가 하고 싶은 것을 할 수 있는 세대일지도 모르지 않는가.

거의 모든 일상이 직장을 중심으로 돌아갔던 40여 년의 긴장을 풀고 푹 쉬며 한 해가 저물어 가던 어느 날, 친하게 지내던 학형學兄이 《정읍시사》라는 주간지에 칼럼을 써서 기고해 보라고 권했다. 무식하면 용감하다고 했던가? 선뜻 응하였다.

드디어 2013년 정월 첫 주부터 '덧없이 짧은 세월, 원하는 삶을 살고 있는가'라는 글을 필두로 소소한 이야기들을 게재하기 시작했다.

하지만 글 쓰는 작업은 쉽지 않았다. 갓 노년기를 맞은 이 나이에 여태껏 해보지 않았던 평론을 쓴다는 게 생무지나 다름없었다. 글감이 잘 풀리지 않을 땐 무진 애를 먹었다. 시간과 드잡이를 해가며 쓰고 지우고 고치기를 거듭했다. 원고를 뜸들이다가 마감 시간에 맞추어 가까스로 보낸 적이 한두 번이 아니었다. 신문에 실린 글이 조리에 맞지 않거나 맞춤법에 어긋난 것이 발견될 때는 '그럼, 그렇지. 글쓰기가 그렇게 쉬울 줄 알았냐?' 자책감이 들고 뒤가 켕겼으나…. '할 수 없지 무어. 맘을 다해 쓸 수밖에.' 내친김에 연말까지 버텨보기로 했다.

부정적인 생각을 애써 지워 버리고 예의전심, 매주 색다른 주제로 성심껏 써서 연재해 보니 의외로 독자들의 호응도가 높아지기 시작했다. 관심 있게 읽던 정읍문학회장이 동호회에 가입 요청을 해왔다. 글동무가 많아졌다. 그해 문학 동인지에 수필 세 편을 실었다. 가끔가다 공감한 독자들이 전화로 성원해줄 때는 용기가 살아나곤 했다. 어느 모임에서는 전 · 현직 기관장이 내 글을 눈여겨보고 있다며 격려의 말을 해주었다. 이래저래 더욱 신명 날 수밖에.

마음에 맞는 벗의 고무적인 격려는 의욕과 힘을 돋우어 주는 법이다. 이듬해 봄 오랜 친구가 《풋밤송이의 기지개》라는 수필집을 출간하여 보내왔다. 어쩜 그렇게 아름다운 글을 쓸 수 있느냐 물었더니 비결은 얘기하지 않고 몇 해 전부터 평생교육원에 다니며 수필 쓰는 법을 배우고 있다고 말하며 내게도 권장했다. 글을 쓰는 행위를 통해 자기가 원하는 바로 그 사람으로 되어갔다는 프랑스 사르트르의 말도 생각났다. 스르르 마음이 끌렸다. 글을 쓰고 싶은 마음은 이미 준비되어 있었다.

곧바로 함께 전북대학교 평생교육원의 수필 창작반에 등록하였다. 설레는 마음으로 수필 공부 첫나들이를 했다. 수강생들을 눈여겨보니 나보다 나이 많으신 분들이 많았다. 강의를 듣고 있는 이른바 칠공팔공 세대의 표정이 사뭇 진지해 보였다. 과연 내가 저 나이가 되어도 저런 열정을 품고 수필 공부를 할 수 있을까 상상해 보았다. 진정한 청춘은 장미의 용모, 붉은 입술, 나긋나긋한 손발이 아니라 굳은 의지, 풍부한 상상력, 불타오르는 정열에 있다는 걸 알아차릴 수 있었다.

늘그막에는 더욱 아름답고 가치 있는 삶으로 보내고자 했던 내 핑크빛 소망이 수필 쓰기로 인하여 이제야 이루어지는구나 싶었다.

서로 이름을 알고 그 자리에서부터 문우가 되었고 열심히 공부하는 분위기에 빠져들며 수필과 늦바람이 나기 시작했다. 여태껏 주간지에 게재해오던 칼럼도 이때부터 체험을 소재로 가볍게 쓴 수필로 바꾸었다. 예전보다 독자들과의 정서적 공감대가 넓어지는 느낌을 받았고 다음 해 봄, 종합문예지 계간 《대한문학》에 〈화롯가〉라는 수필로 등단했다. 이로써 수필 쓰기는 40여 년의 공직을 끝맺음하고 노년으로 가는 길에 큰 전환점이 되었다.

때마침 주어진 기회에 이웃 동년배들에게 수필 공부를 적극적으로 안내해주기 시작했다. 자칭 타칭 수필 전도사로 나섰다. 지금까지 나의 부추김을 받아 수필의 길로 들어선 글동무들이 열 명이 넘는다. 내 승용차에 문우들을 모시고 수필 배우러 다닌 지 육 년째다.

그동안 수필동호회를 결성하려고 여러 번 별러 오다가 드디어 올 2월 가까운 글벗들과 발족 회의를 했다. 곧바로 정원정 수필가를 회장으로 추대하고, 나는 간사를 맡아 조촐하게 출발하였다. 창립 회원들의 적극 관심과 협조로 들어온 회원이 금방 스무 명을 넘어섰다. 2017년 3월에는 '정읍수필문학회'라는 명칭으로 인터넷 카페가 개설되었다.

요즘 나는 이 사이트에 글을 올리는 재미에 빠져 있다. 거의 매일 유명 작가들의 수필을 서너 편씩 게재하고 있다. 작품마다 방문하는 횟수가 수십에서 수백에 이르고 있어 남실바람처럼 좋은 소식 교류되리라는 기대에 가슴까지 부풀고 있다.

올해 들어 종심從心의 문턱에 가까이 다가서고 보니, 사람이 멋지고 의미 있게 길이길이 살려면 글쓰기만 한 게 없다는 생각이 더욱더 짙어지고 있다. 비록 대수로운 것 없는 내 삶일지라도 글로 흔적을 남기면 누군가의 마음속에서 그리움으로 남겨질 것만 같다. 언젠가 이 세상을 떠난다 해도 전승된 글을 통해 후세 자손들과 소통하고 서로의 존재를 확인하게 되리라.

이제 남은 생애 수필 쓰기로 삶을 윤택하게 가꾸며, 수필 문학을 꽃피우기 위해 작은 밀알이 되었으면 좋겠다. 사람 냄새 그윽한 세상을 만드는 데 일조할 만한 것으로 노년에 수필 쓰기만 한 뭐가 있을 것 같지 않다.

# 택시 운전

택시를 몰던 일이 엊그제 같다. 외환 위기의 고비를 갓 벗어날 무렵 명예퇴직을 했다. 경기는 아직 어려웠다. 상황이 그러니 밥벌이가 될 만한 일거리 찾기가 여의치 않았다. 그렇다고 집 안에 틀어박혀 빈둥빈둥 놀고만 지낼 수도 없는 노릇이고. 그러던 어느 날 마치 계시처럼 택시기사를 해보는 게 어떨까 하는 생각이 떠올랐다. 잘하는 일 하나 버젓이 내세울 것 없는 처지에 몸 하나 밑천으로 봉사하며 돈 버는 직업으로 택시기사만 한 일도 없겠지 싶었다. 곧바로 필기시험, 정밀검사, 교육의 과정을 거쳐 택시운전 자격을 취득한 후에 택시회사에 취업했다.

드디어 이천이년 구월 중순 어느 날, 택시 운전사로 첫발을 내디뎠다. 하지만 한 치 앞도 모르는 게 우리네 인생사라던가. 영업 개시 첫날부터 봉변을 당했다. 시내를 저속 주행하면서 승객이 어디

없나 살펴보는데 웬 사내가 자기 진로를 방해했다며 트집을 잡고 다짜고짜 대들었다. "운전 제대로 해, 이 자식아!"로 시작하여 상스러운 욕을 했다. 망신살이 뻗쳐도 유분수지 나를 어찌 보고 이리 몰아세운단 말인가. '에라, 모르겠다. 이판사판 공사판이다.' 대뜸 한 방 쥐어박고도 싶었지만, 출근 첫날부터 생업을 망칠 수 없는 노릇이고…. 운전 미숙을 탓해야만 했다.

이처럼 택시 영업을 하다 보니 뜻밖의 상황에 놓이는 경우가 더러 있었다. 같은 해 섣달 어느 자정 무렵, 부안군 줄포면 소재지로 가는 손님을 내려 주고 되돌아올 때였다. 그믐에 가까워 달빛도 없는 아스팔트 길은 을씨년스레 깜깜했고, 사람의 발길도 끊겨 있었다.

막 가게 문을 닫는 어느 술집 앞에서 한 쌍의 남녀가 차를 불러 세웠다. 부안읍까지 태워다 주기를 원했다. 일과를 마칠 시간인지라 손사래를 치니 두 손가락을 가위 꼴로 펴고 "더블"을 소리쳤다. 돈 앞에 장사 없다고 순간 귀가 솔깃하여 수락하고 말았다.

하지만 상황은 여의치 않았다. 낯선 길인 데다 마침 눈이 녹아 질척거리고 있었다. 그렇다고 한번 한 말을 모르쇠 할 수는 없는 노릇. 이래저래 갈등을 삭이며 운전하고 있는데 뒷좌석에 앉은 그들은 마냥 즐겁기만 한 듯 희희낙락 떠들어 댔다. 게다가 서로 어루만지며 사랑 짓 하는 모습이 뒷거울에 어른거려 신경이 쏠렸다. 흘끔흘끔 곁눈질하는 내 눈을 가릴 수도 없고 적잖이 당혹스러웠다.

귀 기울여 보니 점입가경이었다. 남자는 자꾸 끈적거렸다. 여자는 고만 더 참지 못하겠다는 듯이 "몰라요. 몰라." 금방 하룻밤 정사라도 나눌 낌새였다. 그럼, 그렇지. 읍내로 들어가는 애잇머리 여관 앞에 차를 세워달라고 하더니 남자가 먼저 내려 숙박료를 계산하러 갔다. 상황이 급변했다. 들뜬 분위기가 한순간 식어버린 여인이 변덕을 부렸다. 조바심을 내며 처음 차를 탔던 곳으로 되돌아가자고 하였다. 택시비를 받지 못해서 뒤통수를 긁으니 자기가 내겠단다. 이럴 땐 여인의 편을 드는 게 옳겠다 싶어 다시 줄포로 차를 돌렸다. 골탕을 먹고 낭패감과 분노로 발을 동동 구르고 있을 남자의 모습이 떠올라 뭉그적거릴 수 없었다. 가슴이 쿵쿵 뛰기 시작하였다. 금세 달음질쳐 쫓아와 뒷덜미를 낚아챌 것만 같았다. 심장에 불을 지피고 가속 페달을 내리밟았다. 무사히 그녀를 태워다 주고 합의한 택시비를 받은 뒤에야 긴장이 풀렸지만, 승객을 혼자 두고 의리부동하게 내뺐다고 생각하니 못내 찜찜하였다.

이런 우여곡절만 있었던 게 아니다. 품격 높은 손님을 만나 마음을 터놓고 이야기를 나누다 보면 어느새 피로가 풀리곤 했다. 어찌 생각하면 택시 안은 낯선 인간이 만나는 소우주이다. 가장 비밀스러운 애기가 가능한 공간이다. 근심이나 고민을 풀어 버리고 외로움을 나누며 이야기꽃을 피울 수 있는 곳이다. 빈 택시를 운전해야 할 때, 마음이 다쳤거나 운전이 고달플 때는 가슴 깊이 닿을 수 있는 음악이 있으면 금상첨화라 할 수 있다.

돌이켜보면 나의 택시 기사 반년은 다사다난했다. 술 취해 횡설수설하는 손님의 뜻을 받드는 건 흔한 일이고 택시에 게워 낸 내용물 뒤치다꺼리며 거드름 피우고 위세 떠는 손님의 비위를 맞춰 주는 일도 감수해야 했다. 어찌 보면 예전의 내 이미지와 안 어울리는 배역이었고 갈 데까지 가 본 힘든 경험이었다.

사람은 고생해 봐야 철이 든다더니 택시 운전 반년 동안은 배움의 시간이었다. 다양한 사람을 만나는 계기가 되었고 힘든 근무를 통하여 세상살이 호락호락하지 않음을 체득한 시기였다. 그때 보고 겪은 갖가지 일들은 인격 수양에 도움을 주었으며 세상 보는 눈이 깊고 넓어지게 해주었다. 그 뒤 예전의 직장에 복직되어 한 시간 반 정도의 거리를 통근하면서도 불평 없이 근무하였고 무사히 정년을 마쳤다.

이제 택시기사라는 직업이 지구상에서 사라질지도 모른다. 몇 년 안에 자율주행차가 차량공유 서비스에 대거 이용되면 인공지능과 레이더 등이 운전기사를 대신할 거란다. 이는 앞으로 곧 택시기사라는 일자리가 필요 없는 세상이 다가온다는 의미이기도 하다. 그렇다면 오늘의 택시 운전사는 자동차의 등장으로 사라진 옛날 마차 몰이꾼처럼 퇴역하는 운명을 맞게 돼 역사 속으로 사라지게 날이 머지않으리라.

이러한 예측을 아는지 모르는지 택시기사는 오늘도 승객을 기다리고 있다. 자신의 삶도 고달플 텐데, 승객의 애환까지 싣고 달리려면 매우 힘들겠다. 남의 일 같지 않아 지나가는 택시에 눈길이 얹힌다.

# 사랑하는 이들을 여의며

청천벽력 같은 소식이 따로 있으랴. 지난주 '세월호'의 침몰이 가져온 대참사로 온 나라가 초상집이다. 모두가 비통하고 허망함을 느꼈다. 먹먹한 가슴으로 텔레비전 화면을 쳐다보았다. 수많은 생명을 삼킨 채 가라앉은 거대한 선체를 눈앞에 두고 우왕좌왕하는 상황을 보니 초조하고 답답하고 화가 났다. 돌아오지 않는 자녀를 기다리는 어머니의 절규는 보는 이의 가슴도 미어지게 했다.

어떤 위로의 말을 해야 할까. 무슨 말로 그 시간 아이들이 겪었을 두려움과 절망을, 가족들의 애타는 슬픔과 그리움을 담는단 말인가. 누가 그들의 죽음을 그들 자신의 죄요 나와 관계없는 일이라고 할 수 있겠는가.

이 시간 사랑하는 사람들의 죽음을 어떻게 받아들여야 할지 곰곰 생각해 본다. 죽음은 예정되어 있다 하나 예방할 수 없고 피할 수도 없다. 불의의 사고는 누구나 당할 수 있는 일이다. 우리에게 '세월호' 같은 사고가 또다시 일어나지 않으리라는 보장은 없다. 누구나 한 번은 사랑하는 사람과 이별한다. 이는 모든 사람의 숙명이다. 특히 사랑하는 가족을 잃은 슬픔을 당하게 되면 그 비통함을 이루 말로 다 할 수 없다.

오늘따라 돌아가신 부모님과 먼저 떠난 혈육지친들이 새삼 그리워지고 눈물이 난다. 특히 뜻밖의 사고를 당하여 돌아가신 어머님을 생각하면 애통함이 사무친다. 어이없는 교통사고를 당하여 돌아가셨을 때 '이 무슨 날벼락이냐?' 믿기지 않았고 하늘이 무너지는 듯하였다. '왜 내게 이런 일이 생긴 것일까?' 화가 나며, 어머님의 죽음 앞에 할 수 있는 일이 아무것도 없었다는 무력감과 죄책감으로 한없이 자책하며 지내던 날이 있었다.

그러던 어느 날, 잠재의식이 꿈으로 표출된 것인지 모르겠으나, 꿈에 어머님이 헌 옷을 벗어 버리고 새 옷으로 갈아입듯, 세상의 근심과 걱정과 육신을 벗어놓고 새로운 영의 세계로 떠나시는 모습이 보였다. 비록 꿈일지라도 어머님이 무궁한 생명의 신비 속으로 떠나가셨다고 생각하며 안도감과 위로를 느꼈다. 상식적으로 생각해 보아도, 자식이 깊은 슬픔에 빠져 방황하는 걸 어머님도 원치 않으실 것이라는 생각이 들어 애통한 마음을 추스르며 누그러뜨렸다.

시간이 지나가면서 그리움은 커지고 슬픔은 엷어졌지만 어쩌다가 꿈에 만나 뵐 때는 죄송하고 안타까운 마음이 든다. 생전에 정성을 다해 모시지 못한 후회가 지금도 나의 가슴을 치고 있다.

사랑하는 큰매제가 남의 차에 치여 응급실에 누워 있을 때의 일이다. 의식불명으로 숨만 간신히 이어가고 있었다. 의사는 회생 불가능이라고 진단했다. 첨단 의료 기술도 무기력했다. 온 가족이 간절히 기도했지만 소용없었다. 죽음의 문턱에 들어선 생명을 눈앞에 두고도 어쩌지 못하는 안타까운 현실에 망연자실했다. 조문을 갔다 온 후에도 충격의 여운 때문에 한동안 전전긍긍 잠을 제대로 자지 못했다. 이 뒤에도 사랑하는 사람들을 여읠 때마다 죽음 사실조차 믿지 못하고 무감각의 상태에 빠진 적이 여러 번 있었다.

어떻게 생각해 보면 이 세상에서 슬픔과 고통을 당하지 않는 사람은 한 사람도 없다. 살다 보면 별별 슬픈 일이 다 생긴다. 누구나 갖가지 크고 작은 아픔을 겪게 마련이다. 만나고, 알게 되고, 사랑하고, 헤어져 버리는 것에도 슬픔과 고통이 따르는 경우도 있다. 더욱이 사랑하는 사람을 잃은 삶은 이전의 삶과 같을 수 없다.

어쨌든 화禍 중에 가장 큰 화는 슬픔인 것 같다. 영원한 이별의 슬픔을 개인 스스로 치유하기에는 너무나 버거운 일이다. 버거운 일이라고 그대로 놓아두면 몸과 마음이 상한다. 이 때문에 생긴 고통은 반드시 치유하고 극복해야 한다.

이런 고통을 이겨 내는 실마리를 제공한 사람이 있다. 장자莊子가 바로 그다. 그에 의하면 슬픔이란 자기부정自己否定에서 온다고 한다. 사물이나 정신은 자기모순을 내포하고 있으므로 먼저 자기를 부정하고 상대적 대립 자체를 부정해 한층 높은 종합 통일로 나아가라고 권고한다. 일종의 변증법적 발전의 논리다. 아무리 힘들어도 계속 자기부정을 통해서 슬픔을 극복해 나가라는 말이 아닐까 싶다.

슬픔의 유일한 치료법은 무슨 일을 열심히 하라는 금언도 있지만 내가 겪은 바로는 상심하고 있을 때 가족들의 따뜻한 위로가 큰 도움이 되었다. 이해해주는 친구에게 털어놓고 이야기함으로써 슬픔을 누그러뜨린 적도 있다. 비슷한 경험을 했던 이웃이나 돌아가신 분을 아끼고 사랑했던 친지들의 위로와 도움이 슬픔을 극복하는 힘이 될 때가 많았다.

하지만 내가 당하고 겪은 애통이 어찌 '세월호' 참사를 당한 유가족들의 하늘에 사무치는 비통함에 비할 수 있으리오. 죽은 아이의 목소리, 웃음소리, 노랫소리, 립스틱 처음 바르고 깔깔대던 딸아이, 뛰놀고 돌아온 아들의 몸에서 솔솔 풍겨 오는 땀 냄새, 학교에 가는 아이를 먹이려고 끓이는 찌개의 자글거리는 소리…. 살아생전 이 사소한 것들이 얼마나 소중한 것인가를. 유족이 아닌 바에야 어찌 알겠는가. 하루속히 슬픔을 딛고 한 걸음 나아갈 수 있기를 간절히 기원한다.

# 아버지의 보자기

거울을 보니 머리가 덥수룩해졌다. 우선 이발소로 발길을 향하였다. 이발사는 칠십 대 후반을 달리는 할아버지인데 손을 살펴보니 꽤 오래전 우리 아버지의 손처럼 투박해 보였다. 손등을 보니 검버섯 피부에 깊은 세월이 주름져 있었다. 하지만 넓게 펼친 손바닥은 부드럽게 감싸주는 하나의 보자기 같았다. 의자에 앉자마자 목에 수건을 둘러 주고 흰 보자기로 윗몸을 감싸 주었다. 머리털을 깎아 다듬고 면도를 해주는 솜씨가 여간 능란하지 않았다. 머리를 감겨 주는 손길이 의외로 보드랍고 아늑했다.

어렸을 적 우리 아버지의 손도 나를 포근히 감싸주는 보자기와 같았다. 아기일 적의 나, 초등학생일 때의 나, 청소년 시절의 나를 고스란히 감싸주셨던 아버지의 손은 부드럽고 따뜻한 사랑의 보자기였다. 서른 중반에 낳은 아들을 세상에 자랑하고 싶으셨는지 5일마다 열리는 정읍 장날에 가끔 나를 데리고 가셨다. 고사리 같은 내 손을 꼭 감싸 쥐고 다니셨다. 내 손보다 두세 배는 더 큰 손이 내 손을 쥐고 있으면 마음이 편안했다. 아버지의 손만 꼭 쥐고 있으면 북적대는 오거리시장에서도 안전하다고 생각했던 것은 아마 그런 까닭일 것이다.

초등학교 시절에 아버지의 손은 정성을 다해 뒷바라지해준 고맙기 그지없는 헌신의 손 보자기였다. 10리가 넘는 학교까지 가려면 산굽이를 돌고 내를 건너 들판을 지나야 했다. 매년 여름이 되어 장마가 지면 물에 잠긴 징검다리를 네 개나 건너야 했다. 그때마다 아버지는 위험을 무릅쓰고 든든한 두 손으로 나를 업거나 보듬고 넘쳐흐르는 냇물을 무사히 건너 주셨다. 그 시절 아버지의 '심보心褓', 즉 마음이라는 이름을 가진 보자기를 알게 된 특별한 일이 있었다.

저학년 어느 봄날이었다. 간밤에 몸살감기로 인해 몸이 펄펄 끓었다. 이튿날 아침 도저히 등교할 수 없는 지경에 이르렀다. 온 식구들이 말리는데도 불구하고 아버지는 "몸 좀 아프다고 공부를 빼 먹으면 안 된다."고 단언하시고 기어이 나를 등에 업고 10리가 넘는 등굣길을 걸어가셨다. 교문 앞에서 나를 내려놓으며 어서 교실로 들어가라고 손짓하셨다. 나의 상태를 본 담임선생님은 도로 집으로 가라고 하셨다. 그러나 아버지는 학교가 파할 때까지 기다리시다 또다시 등에 업고 집으로 돌아오셨다. 이런 지극 정성스러운 아버지의 마음 보자기, 손 보자기 덕분으로 나는 6년 개근하였다.

중학교에 진학하면서 아버지와 멀어졌다. 아버지는 여전히 나를 감싸주셨지만, 학교생활이 힘들어진 탓인지 나는 서서히 그 넓고 따뜻한 보자기를 잊어 갔다. 고등학교를 졸업하고 어치렁어치렁 아랫동네 친구 집에 놀러 다닐 때였다. 그해 가을 아버지의 손 보자기를 만나게 되었다. 추석이 성큼 다가왔다. 장성한 이후 처음으로 아버지와 단둘이 벌초하러 가게 되었다. 아홉 기나 되는 조상님들의 산소 벌초를 해야 했다. 당시 몹시 편찮으신데도 불구하고 아버지는 사방으로 멀리 떨어진 묘소를 찾으시느라 안간힘을 쓰셨다.

"희석아, 저기야! 저기!"

아버지가 내 손을 붙잡으셨다. 어린 시절 그렇게 크고 따뜻했던 아버지의 손이 어느새 여위고 구붓한 손 보자기가 되어 힘없이 내 손등을 감쌌다. 손바닥 전체가 땀으로 끈끈히 젖고 소슬한 가을바람이 눈시울을 붉히며 스쳐 갔다. 말없이 잡은 아버지의 손길은 두고두고 가슴을 저리게 했다.

이제 내 나이 일흔의 문턱에 들어섰다. 주름살 진 내 손에도 애잔함이 흐른다. 돌이켜보니 나는 아비로서 턱없이 부족했다. 따뜻한 사랑의 손 보자기 존재를 뒤늦게 알았다. 자식들의 손길을 제대로 잡을 줄도 몰랐다. 언제나 내 손 보자기로 자식들을 포근히 감싸주고 어루만져 줄 수 있을지….

그동안 낳아 기르고 뒷바라지했던 모든 추억이 주마등처럼 눈앞을 지나간다. 아무래도 내가 받은 아버지의 따뜻한 손길에는 비할 바가 아니다. 나이가 들수록 자식들의 가슴속을 훈훈히 적셔 주지 못한 아쉬움이 가슴에 넘실거린다. 아버지가 주셨던 헌신과 사랑의 손 보자기를 나만 혼자 간직하고 있는 것은 아닌지 모르겠다.

어느덧 자식들은 모두 내 손을 떠났다. 제각기 세상살이에 바빠서 자주 만날 형편이 못 된다. 아버지라는 이름으로 끊임없이 감싸주고 품어주는 보자기를 내 자식들은 가지고 있는 걸까. 다행히도 다음 주말 내 생일을 축하해주기 위해 아들딸들과 손주들이 온다고 한다. 고마운 사랑의 보자기로 하나하나 뜨겁게 감싸 주어야겠다.

사랑하는 이들의 얼굴, 목소리, 마음 그리고 함께한 추억을 모두 담아둘 수 있는 그런 보자기를 이제라도 하나 장만해야겠다. 먼 훗날 냉가슴을 앓을 때 살며시 보자기를 꺼내어 펼쳐보고 싶다. 얼었던 마음이 봄눈 녹듯 스르르 녹아내릴 때 그때는 말할 수 있으리라, 모두가 사랑이었노라고.

# 아내 없는 자리

이른 새벽 눈을 뜨니 잠자리가 휑했다. 늘 먼저 일어나 주방에서 딸그락거렸던 아내가 안 보였다. 숨죽이고 귀를 기울였으나 아무런 기척이 없었다. 그제야 아내가 어제 친목계 모임에서 동해안으로 관광을 갔다는 생각이 떠올랐다. 멀리 떠난 것도 아니고 불과 2박 3일간의 여행일 뿐인데 금세 아내의 빈자리가 헛헛했다.

아내는 늘 옆에 있는 사람이라 그동안 고마움을 모르고 지내 왔다. 끼니때마다 반찬 챙겨 주고, 빨래며 온갖 치다꺼리 해 준 덕을 대수롭지 않게 여겼다. 더욱이 오랫동안 집을 비우고 여행을 한 적이 없었기에 아내가 없어서 외롭다거나 불편함을 몰랐다.

당장 아침밥을 차려 먹기가 귀찮았다. 이것저것 가릴 것 없이 먼저 눈에 들어오는 반찬 세 가지로 대충 때우고 설거지는 뒤로 미뤘다. 평소에는 빨래, 밥 짓기, 집 안 청소, 가구 정리 등 집안 허드렛

일을 더러 해 왔으나 오늘따라 왜 그런지 건성건성 제대로 일손이 잡히지 않았다.

아침나절 내내 인터넷을 하고, 텔레비전도 보고, 이 책 저 책 뒤적거리노라니, 졸음이 왔다. 아내가 밑반찬을 다 만들어 놓고 갔지만, 점심 한 끼 차려 먹기도 번거로워 밥을 국에 말아 뚝딱 해치웠다. 헹궈줘야 할 그릇이 쌓이고 집안이 어질러져도 본체만체했다. 허전한 마음을 다잡을 수 없어 밖으로 나섰다.

기분 전환을 하려고 정읍천 언저리 산책로를 따라 걸었다. 한참을 걸어도 들썽거리는 마음이 가라앉지 않았다. 이윽고 발길을 돌려 정읍사井邑詞 공원으로 향했다. 천 년의 기다림 망부상望夫像이 눈앞으로 다가왔다. 서낭당 고갯마루에서 행상 나간 남편을 기다리고 기다리다 몸이 굳어 선 채로 돌이 된 백제 여인상이다. 어두컴컴한 밤길 물구덩이에 빠질까, 돌부리에 차일까 봐 시름에 잉걸불처럼 타들어 가는 가슴을 그 누가 헤아릴 수 있었겠는가. '달님이여, 높이높이 돋아 그의 어둠길 밝히 좀 비추어 주소서!' 간절히 기도하는 아낙을 떠올리며 환상에 빠져들었다.

이윽고 뉘엿뉘엿 해가 기울기 시작했다. 망부상을 등에 두고 내려오는 길에 곰곰 생각해 보았다. 항상 곁에 있지만, 흔히 그 존재 가치를 망각하기 쉬운 것들은 무엇일까? 저녁때 돌아갈 집이 있다는 것, 힘들 때 의지할 가족이 있다는 것, 외로울 때 곁을 지켜주는 아내가 있다는 것….

아내는 나를 지탱해 온 힘 중의 하나였다. 세상살이 적잖은 굴곡과 파란이 있었지만 그런 것들을 이겨 나가게 하는 힘을 아내로부터 얻었던 경우가 많았다. 아내는 언제나 나를 돕는 배필이었고, 인생의 긴 흐름에서 등을 기댈 수 있는 언덕이었다. 삶이 힘들 때 서로를 일으켜 주는 에너지 충전소였다. 아이들이 마음껏 뛰어놀다가 들어와 엄마 젖 한 모금 빨고 힘을 얻어 나가는 그런 원천이었다.

지금까지 내가 하고자 했던 일을 아내 때문에 못 했던 일은 없는 것 같다. 평소 서로 의견 충돌이 된다거나 서로의 생각이 달라서 커지는 건 마냥 내 목소리였다. 무슨 일이든 내 주장대로 결정되는 편이었다. 아내의 양보가 없었더라면, 나와 똑같이 주장을 굽히지 않았더라면 우리 집도 상당히 시끄러운 집이 되었으리라. 그동안 참고 묵묵히 따라 준 아내에게 감사할 따름이다.

집으로 돌아오니 땅거미가 지기 시작했다. 방문을 여니 만날 살던 방은 바람이 제멋대로 들락거리는 텅 빈 들녘 같았다. 저녁이 되자 끼니를 잘 챙겨 먹느냐는 아내의 전화가 왔다. 집 걱정일랑 접어두고 맘 편히 다녀오라고 간곡히 권했건만 아무래도 내가 자꾸 마음에 걸렸던 모양이다. 오늘 여정은 어떠냐고 물어 보니, 해안선을 따라 펼쳐지는 동해안 절경도 절경이려니와 일행들과 수다 떠는 재미가 기대 이상이라고 했다. 모처럼 마음을 터놓고 지내는 친구들끼리의 여행이니, 노닥거리는 재미가 오죽할까. 아마 차창으로 파고드는 수려한 풍경에 한눈을 팔면서도 입은 쉴 새 없이 갖은 수다를 피웠을 것이다. 모처럼 간 여행이니 맘껏 즐기고 건강히 돌아오라고 거듭 당부했다.

인생길에 아내가 있어서 늘 든든하다. 결혼 후 40여 년간 남편 뒷바라지며 자식들 챙기느라 고생한 아내가 무척 대견하고 고맙다. 며칠 뒤 환한 미소를 지으며 들어올 아내의 모습을 그리며, 방안을 정리해야겠다.

# 4

# 보이지 않는 끈

# 누군가 지켜보고 있거나 말거나

어느새 초록 잎이 무성해지고 싱그러운 풀냄새가 마음마저 청아하게 가다듬어주는 유월 첫째 주말, 시골 뽕밭에서 오디를 따며 한나절을 보냈다. 이윽고 해가 진 뒤 우연히 서쪽 밤하늘을 바라보니, 별 하나가 홀로 두드러지게 반짝이고 있었다. 몸은 피곤했지만 선선한 밤바람에 정신이 반짝 들며 문득 신독愼獨이란 말이 머리에 떠올랐다. 신독은 《중용》에 나오는 말로, 홀로 있을 때에도 도리에 어그러짐이 없도록 몸가짐을 바로 하고 언행言行을 삼가라는 의미다.

연약한 인간으로서는 신독하는 일이 쉽지 않다. 지난 6 · 4지방선거일 오후에 일어난 일이다. 아파트 뒤 주차장 감시카메라 밑에 고구마와 설탕이 담긴 상자를 잠깐 놓아두고 투표하러 간 틈에 누가 상자를 뒤지고 설탕만 몰래 가져가 버렸다. 아끼는 작은 물건이나 소지품 하나를 잃어버려도 마음이 언짢은데 아홉 봉지나 되는 설탕을 잃어버리니 마음이 편치 못했다. 주변을 두루 찾고 수소문했으나 오리무중이었다. 방송을 해보았지만, 소용이 없었다.

이튿날 아침 경비실의 상황 관찰기(CCTV)를 판독해 보았다. 외지에서 온 차량에 탄 사람이 상자를 열어 본 다음 5분여 동안 망설이다 가져가는 정황이 보였다. 남들이 지켜보지 않고, 남들이 들을 수 없는 곳에서 스스로 말과 행동을 조심하기란 쉽지 않았으리라.

차량 번호를 파출소에 알려주고 도움을 청했다. 결국, 경찰의 신속한 처리로 범인이 밝혀졌다. 처음에는 부인하더니 증거 녹화 사진이 있다고 하니 그제야 시인했다. 누가 버린 줄 알고 가져갔으나 자세히 보니 유통기간이 넘은 설탕이어서 버렸다는 핑계를 댔다.

이틀 전 할인점에서 산 물건을 놓고 둘러대기에 괘씸하다는 생각이 들어 법대로 처리할까 했으나 겨우 몇만 원어치 때문에 고소하는 사람이 되긴 싫었다. 결국, 변상을 받고 끝냈으나 잠시나마 겪은 마음고생은 물건값에 비할 바가 아니었다.

그런데 같은 날 오후, 이번에는 내가 남에게 피해를 준 사고가 일어났다. 설탕 분실 사건을 마무리하고 고향 밭으로 오디를 따러 가는 길이었다. 좁은 길가에 놓여 있는 작은 손수레를 자동차로 들이받았다. 내가 벼르거나 꾀한 바가 없이 저질러진 일이었기에 마치 남이 저지른 일인 양 순간적으로 무책임해지려는 마음이 생겨 모른 체하고 가버리고 싶었다.

그러나 길 건너편 밭에서 일하고 있는 주인에게 자초지종을 말하고 끼친 손해를 물어 주겠다고 하였다. 다행히 평소 친절한 사이라

원만히 해결되어서 망정이지 만약 모른 체하고 가버렸더라면 정말 망신을 당할 뻔했다.

이틀 사이에 도둑을 당하고 남에게 피해를 준 일을 겪고 나니 누가 지켜보고 있거나 말거나 양심에 따라 행하기란 신독의 경지에 이르지 않으면 정말 어려움을 알게 되었다.

집에 돌아와 웹 서핑을 하다 보니 실제로 누군가가 지켜보는 것과 그렇지 않은 경우는 행동이 다르다는 것을 증명한 실험이 있음을 알았다. 뉴캐슬대학 교수 라운지에서 교수들을 대상으로 우유를 손수 갖다 먹도록 하고 돈도 자발적으로 상자에 넣도록 했다. 대신 돈 상자 옆 잘 보이는 곳에 꽃 이미지와 쳐다보는 눈동자 이미지를 매주 번갈아 붙여 놓았다.

실험 끝에 상자에 담긴 돈을 우유 소비량 1ℓ당으로 환산해 본 결과 '눈동자 이미지'였을 때가 '꽃 이미지'였을 때보다 세 배 정도나 더 많았다. '눈동자 이미지는 누군가가 자신을 쳐다보고 있다는 것을 무의식적으로 느끼게 한다는 것이다. 이 실험의 결론은 누군가가 자신을 쳐다보고 있을 때 더 협력적이며, 이는 좋은 평판을 원하기 때문이라고 한다.

이유야 어떻든 간에 윤리적 당위성으로 보면 바람직하지 못한 결과다. 그러기에 홀로 있을 때도 삼가서 도리에 어그러진 일을 하지 아니하는 신독이 어려운 것이리라.

성인군자 아니고서는 남들이 지켜보지 않고, 들을 수 없는 곳에서 스스로 언행을 조심하기란 쉽지 않을 것이다. 조선 최고의 유학자 퇴계 이황과 율곡 이이도 신독을 강조했다고 한다. 이이는 '도에 들어서기 위한 가장 긴요한 수련이 신독'이라며 '홀로란 말은 왕래가 없는 고요한 장소만을 의미하는 것이 아니라 의지가 싹트는 자신의 마음속 자리를 가리킨다.'고 했다.

이로 보건대 신독은 엄격한 자기관리이며 수양 방법이다. 내가 나를 어떻게 여기느냐의 문제이며 자신의 착한 본성과 양심을 찾는 데서부터 출발하는 것 같다. 특히 홀로 있을 때, 마음이 풀어져서 부당한 욕구로 흐를 때, 그 욕구를 선으로 이끄는 것이 신독인 듯싶다.

시인 윤동주의 "죽는 날까지 하늘을 우러러 한 점 부끄럼이 없기를, 잎새에 이는 바람에도 나는 괴로워했다."라는 시詩 구절이 생각나는 날이다. 남의 눈을 의식해서가 아니라 홀로 있을 때 스스로 삼가는 사람이 주류를 이룰 때, 우리 사회는 더욱 밝아지고 성숙해지지 않을까 싶다.

# 보이지 않는 끈

누군가가 문득 그리워지는 날이다. 오랜만에 어릴 적 친구와 통화를 했다. 서울에서 살기 때문에 자주 만나기는 여의치 않으나 늘 마음속에 있는 친구다.

"잘 지내는가?"

"그저 그렇지. 뭐."

시작은 늘 이러하나 속 깊은 얘기는 끝날 줄 모른다. 자기 삶 챙기기도 바쁠 텐데, 일부러 틈을 내어 안부를 물어주니 참 고마운 친구다. 보이지는 않지만 강한 우정의 끈으로 이어진 벗이 있다는 게 얼마나 다행인지 모른다.

요즘 들어 우의가 더욱 돈독해진 계기는 그 친구가 작년 9월부터 거의 매일 자작시를 메신저로 보내주면서부터다. 아무튼, 우리 사이를 강하게 이어주는 끈은 서로 위로하고 격려하고 감싸주는 마음의 본바탕에서 생겨났으리라 여겨진다. 한편 우정 같은 마음의 끈은 배려와 사랑으로 더 길어진다는 얘기가 머릿속에 떠오른다.

한 사람이 우물물을 길어 올렸다. 우물에 내린 두레박을 몇 번이나 끌어올려도 자꾸 빈 두레박만 올라왔다. 뭔가 이상하다고 생각한 그 사람은 두레박을 자세히 살펴보다 그 이유를 찾아냈다. 우물물이 있는 깊이까지 도달하기에는 두레박에 달린 끈이 짧아서 아무리 길어 올리려 해도 깊숙이 있는 우물물을 담아낼 수가 없었던 것이다.

이처럼 누군가의 마음에 잘 닿지 않아 고민이 될 때는 마음속의 두레박 끈을 길게 늘이지 않고는 도리가 없다. 오랜 세월 변함없이 잘 지내는 사람들의 마음의 끈은 세심한 배려와 사랑으로 가슴 깊숙이 연결되어 있기 마련이다.

의미가 다르고 우스갯소리 같은 끈 이야기도 있다. 인생에 꼭 필요한 5가지 끈이 있다고 한다. 이른바 매끈, 발끈, 화끈, 질끈, 따끈이라고 한다. 까칠하지 않고 편안하게 해주는 매끈한 사람, 실패한 자리에서 발끈 일어서는 사람, 어차피 할 일이라면 화끈하게 하는 사람, 쓸데없이 비난하지 않고 질끈 눈을 감는 사람, 인간미가 느껴지는 따끈한 사람이란다. 모두 내가 평소 잘 지키지 못하는 끈들이지만 마음에 간직하여 음미해보고 싶다.

어쩌면 삶이란 한 가닥의 끈으로 이어진 것이 아닐까? 요즈음 일요일 밤마다 방송하는 KBS-1TV의 〈강연 100℃〉라는 프로그램을 보면 가느다란 희망의 끈 하나에 모든 삶을 걸고 살아가는 사람들의 이야기가 있다. 괴로운 일들이 삶의 행진을 가로막아도, 마음속의 행복을 향한 마음의 끈을 놓지 않는 그들의 고백을 듣고 있노라면, 가슴이 진한 감동으로 끓어오른다. 툽툽하지만 진솔하게 사랑과 믿음과 소망의 끈을 놓지 않고, 인생의 끓는점까지 치열하게 사는 이야기를 마칠 때마다 저절로 경탄과 박수가 나온다. 나도 용기를 얻으며 삶이 되짚어지고 마음도 가다듬어진다.

우리는 숱한 만남과 이별을 경험한다. 유대와 공감이 바탕이 되는 관계는 보이지 않는 끈으로 팽팽히 지탱되지만 다름을 받아들이지 못하면 서로에 대한 오해와 불신으로 끈은 끊어지게 된다. 관계의 단절이 주는 아픔의 무게를 미리 짐작할 수 있다면 유대와 공감이 얼마나 중요한지 알 수 있을지도 모른다.

어쨌든 삭막하고 힘든 인생길을 가려면 먼 길을 나설 때 신발 끈을 단단히 묶듯, 마음의 끈도 단단히 묶어야 한다. 그런데 대개 끈은 아무리 단단히 조여 매도 다시 느슨해지거나 다시 풀리기 마련이다. 마음의 끈도 마찬가지다. 풀릴 때마다 끈기 있게 다시 조여 매야 한다. 마음의 끈이 풀린 상태로 인생길을 달리면 넘어지기 십상이고, 더 멀리, 더 힘차게 달릴 수도 없다. 무슨 일이든 그 목적 한 바를 이루려면 적당한 때와 장소, 최상의 상태 등 외적인 조건도 중요하지만, 내적 마음의 준비가 우선이다. 흔들리는 바늘에는 실을 꿸 수 없듯 잡념과 의심으로 마음이 흔들리면 삶의 푯대에 다다를 수 없다.

우리는 모두 욕망의 끈을 줄기차게 간직한 채 잘못된 생각을 지니고 살아가는지도 모른다. 유심히 들여다보면 우리의 삶 뒤에는 보이지 않는 끈이 작용하고 있다. 친구, 연인, 가족이라는 관계의 실상도 각자의 보이지 않는 끈 욕망의 끈이 줄다리기하는 것이 아닐까? 어떤 사람들은 남을 향한 욕구 불만을 드러내지 않고 가슴에 담아두며 관계의 피로에 시달린다.

이와 관련된 의학 상식을 알아보니 오랜 기간에 걸쳐 인간관계가 원만치 못하고 심리적 · 신체적 긴장 상태를 지속하면 심장병, 위궤양, 고혈압 따위의 신체적 질환에 걸리기도 하고 불면증, 신경증, 우울증 따위의 심리적 부적응이 나타난다고 한다. 경험에 의하면 이럴 적에는 무조건 마음의 끈을 조인다고 능사가 아니다. 팽팽한 삶의 긴장이 오래갈 때는 마음의 끈을 풀어주어야 치료가 쉽다는 건 자명한 이치다.

마음을 매거나 풀 수 있는 끈이 있으면 좋겠다. 그동안 단단히 묶어 놓았던 마음의 끈이 느슨해진 것이 없는지, 나를 사랑했던 소중한 마음을 몰라보고 마음의 끈을 놓아버린 이웃은 없는지, 되돌아본다. 누군가 마음에 들어왔다가 떠나가는 상심을 다시 겪고 싶지 않다. 족쇄 같은 마음의 끈은 한 뼘쯤 느슨하게 풀고 산이나 들, 바다로 나가서 새소리, 물소리, 바람 소리, 파도 소리를 들으며 자연과 교감하면 까칠했던 마음이 스르르 풀릴 것만 같다. 힘든 일들이 삶의 앞길을 가로막아도 마음속에 실재하는 소망을 향한 절실한 마음의 끈을 놓지 않는 것, 그것만 있으면 인생은 지금 시작해도 늦지 않으리라.

# 진정한 만남

아직 무채색인 이른 봄, 정읍 천변 길을 걸었다. 뺨에 스치는 바람이 제법 부드러워졌다. 양지바른 둑을 눈여겨 들여다보니 풀싹이 돋아나고 있었다. 가까이 다가가 후-욱 숨을 들이켜보았다. 풋풋한 봄 냄새로 마음이 평안해졌다. 이 땅에서 만나는 모든 것이 소중하다는 생각이 불현듯 났다. 아예 '만남'이란 화두話頭를 붙들고 길가에 혼자 앉아 잠시 생각에 잠겨 보았다.

지나온 나의 삶은 만남의 연속이었다. 애초부터 만남으로 살 수밖에 없는 존재였다. 태어나자마자 부모를 만났고, 차츰 많은 사람과 만나서 씨줄 날줄 같은 관계를 맺고 서로 영향을 주고받으며 살아왔다. 부모와 자식, 스승과 제자, 독서를 통한 저자와의 해후, 다정한 벗과 포근한 대화, 순수한 사랑과의 조우, 이러한 만남이 알게 모르게 내 됨됨이에 큰 영향을 끼쳤다.

퇴직 후 나는 부쩍 시간의 여유가 생겨 더욱더 많은 사람을 만나지만, 오히려 인격적 만남의 기회는 줄어들고 있다. 물질 만능의 풍조에 물든 탓인지, 순수한 만남보다 이모저모 따져 보는 만남이 더 많아졌다. 사람으로서 사람과 만남 속에서 모나지 않게 사람다움을 잃지 않고 산다는 것이 얼마나 어려운 일인가.

밖에 있는 사람과 만날 일이 없는 때는 그저 그런 소일거리로 보내는 시간이 많다. 컴퓨터 앞에 앉아 막연히 웹 서핑을 하다 보면 두세 시간은 훌쩍 지나간다. 이럴 때 얻는 건 대개 단편적인 지식이나 정보에 불과하다. 밤이 되면 텔레비전 인기 프로그램에 빠져 가족과 다정한 만남과 대화를 외면할 때가 예사다.

지난주만 해도 일요 예배, 배구동호회, 향우회, 문화답사회, 삼락회 등으로 많은 사람과 만났다. 세세한 만남까지 꼽는다면 헤아리기 어렵다. 만남의 홍수 속에서 산다고 해도 과언이 아니다. 이러한 많은 만남 중에서 과연 마음과 마음이 통하는 진정한 만남은 얼마나 될까. 선뜻 답이 떠오르지 않는다. 좀 더 깊이 새겨보아야겠다.

그동안 나의 인생살이를 돌이켜보면 거의 좋은 만남의 연속이었으나 어쩌다 악연도 있었다. 마주치고 싶지 않은 대상과 만날 때가 있었다. 실제 보기 싫은 사람이 있는데 우연히 마주쳐 인사를 해야 할지 그냥 지나쳐야 할지, 판단이 서지 않는 경우도 있었다. 미움을 사랑으로 감쌀 만한 수양이 부족함을 탓할 수밖에….

선인先人들은 자기 이외의 사람과 만남을 어떻게 여겼을까. 예를 들어 공자는 “세 사람이 길을 가면 그 가운데 반드시 내 스승이 있게 마련이다."라고 언급했다. 고매한 인격을 갖춘 성인聖人도 다른 사람들과 만남이나 대화 속에서 자신을 수양했음을 간파할 수 있다. 그러므로 진정한 만남이란 반드시 위대한 사람을 만나야 이루어지는 것이 아니다. 주위에서 옷깃을 스치고 지나는 평범한 남녀, 우연한 인연으로 부드럽게 대화를 나눌 수 있는 사이에서도 진정한 만남을 이룰 수 있다.

이처럼 만남은 우리의 삶에서 소중한 의미를 지닌다. 만남은 모두가 특별한 선물이요 사랑이다. 만남 그 자체가 축복이다. 지상의 모든 사람을 다 만나보려면 1초에 한 사람씩 만나도 200년 가까이 걸린다고 한다. 광대무변한 우주에 비하면 모래알같이 작은 지구에서 미물 아닌 사람으로 태어나 함께 살고 있다는 사실을 생각하면, 우리의 인연은 얼마나 엄청난 축복인가.

사실 사람은 홀로 존재할 수 없다. 무수한 만남으로 삶이 구현되고, 삶이 풍성해지며, 그 가치가 높아진다. 특히 사랑하는 사람들과 만남은 우리에게 주어진 어떠한 보물보다 소중하다. 처음과 끝을 알 수 없는 무한한 시간의 흐름 속에서 우리의 만남과 헤어짐은 너무나도 아쉽고 소중한 순간들이다.

어느 시인이 가장 아름다운 만남은 손수건과 같은 만남이라고 읊은 시가 생각난다. 힘이 들 때는 땀을 닦아주고 슬플 때는 눈물을 닦아주니까. 만남과 이별이 너무나 쉽게만 이루어지는 요즈음, 서로가 행복할 수 있고 진정 좋은 사람으로 늘 기억될 수 있도록 지금의 만남을 소중하게 이어가야겠다. 내일에는 얼마나 좋은 만남이 있을까. 모든 만남을 관심과 애정으로 소중히 여기며 살 일이다.

## 믿고 의지하는 삶의 끈

혼자 살기에 편해진 요즈음, 결혼은 필수가 아닌 선택이라는 인식이 빠르게 번지고 있다. 동시에 이혼율이 높아지고 그만큼 재혼 가정이 늘고 있다. 이러한 세태 변화는 고스란히 드라마 거리가 된다. 얼마 전 아내와 함께 KBS-1TV 저녁 일일드라마 〈사랑은 노래를 타고〉를 시청할 때였다.

"그래, 나 두 번 이혼했어! 근데 이혼한 게 무슨 죄야?"

두 번의 결혼 실패 이후 찾아온 새로운 사랑에 가슴 설레는 철없는 이혼녀 '공정자'에게 어느 날 한 남자가 다가왔다.

"내 이상형의 여자는 없어. 근데 난 혼자 살아도 충분해."

국어 선생님이요 공정자의 아들 성훈의 담임 선생님인 '구세준'이 바로 그 남자다. 둘은 만나자마자 곧 불같은 사랑에 빠져든다. 시간이 갈수록 서로에 대한 마음은 확실하지만, 현실적인 상황들 때문에 가슴 아파한다. 드라마를 보다가 심사가 뒤틀렸는지 아내가 찜부럭한 얼굴로 불만을 쏟아냈다.

"두 번이나 이혼한 주제에 감히 아들의 담임인 총각 선생님을 마음에 품다니, 과연 가당키나 한가? 그리고 남자들은 왜 그런 얼토당토않은 사랑에 빠지는지 모르겠네."

"눈치코치도 없는 게 사랑이야. 그럴 수도 있지 왜 그래?"

말대꾸하며 아내를 살피다가 흠칫 놀랐다. 분노로 일그러진 눈과 마주친 것이다.

"당신도 주책바가지야. 줏대도 없는 주제에…."

뜻하지 않은 노여움의 화살이 내게로 날아왔다. 탁월한 기억력으로 나의 아킬레스건을 찔렀다. 그동안 저질렀던 나의 잘못이 하나씩 도마에 올려졌다. 젊은 시절 친절한 술집 아가씨들을 가까이했던 일, 근거 없는 염문에 휘말렸던 일, 반 어머니회 학부형의 빚보증을 섰다가 왕창 뒤집어쓴 일 등….

드라마는 드라마일 뿐인데 아내의 심중을 헤아리지 못하고 대답한 죗값치고는, 유난히 가혹한 아내의 공박에 변명할 말을 잊었다. 맞장구를 쳐주었더라면 아내의 활화산 같던 분노가 보글거리는 찌개 수준으로 가라앉았을 터. 그러나 이미 뱉은 말을 어찌 주워 담을 수 있겠는가? 아내는 분풀이가 끝나자 방문을 쾅 닫고 안방으로 들어갔다.

평소 아내는 좀처럼 화를 내지 않는다. 어쩌다 다시는 안 볼 것처럼 다투었다가도 끝판에는 여느 부부처럼 칼로 물 베기 꼴이 되었다. 곧 한 이불을 덮곤 하였다.

퇴근할 때면 동료들과 어울리던 30대 시절, 언젠가 모르는 여자가 며칠 동안 계속 우리 집으로 전화를 걸어 나를 찾았다. 아내가 받으면 아무 말 없이 끊기를 여러 번, 의혹은 자꾸 커졌다. 결국, 내가 전화를 받았다. 친구의 소개로 한 번 인사한 적이 있는 여인이었다. 해명했으나 아내는 의구심을 버리지 않았다. 그 여인과 약속된 장소로 나가려고 하니 아내도 따라나서다 말고

"그래 당신을 믿을게. 자기 신세 알아서 하겠지."

하고 이내 자세를 바꿨다. 처지를 바꾸어 생각해보면 쉽지 않은 일이었다. 그때 아내와 나 사이에 보이지 않는 믿음의 끈이 연결 지어져 있음을 느꼈다. 내면적이고 무의식적인 깊은 감정과 도저히 설명할 길 없는 한줄기 신뢰의 끈을 처음으로 깨달았다. 40여 년의 세월을 한결같은 신의로 고락을 같이해온 근본적 끈이 바로 믿음이었다.

우리는 믿음으로 세상을 사는 것 같다. 신뢰의 상실, 이것이 곧 인간의 위기의 징조다. 서로 믿고 살아야 마음이 편할 것 같다.

지난 주말 문화답사 모임에서 관광버스로 '가우도' 섬마을 탐방을 하고 왔다. 옆에 앉은 벗에게 우리의 목숨을 운전기사에게 맡기고 가는 것 같다고 했더니 대답 대신 가볍게 고개를 끄덕였다.

이뿐만 아니다. 우리는 열차, 시내버스, 택시를 탈 때도 운전사가 안전운행을 할 것이라 믿고 탄다. 어쩌면 목숨까지 남에게 맡기는 셈이다. 빵을 사 먹거나 음식을 사 먹을 때도 요리사가 해로운 물질을 넣지 않았을 것이라고 믿고 사 먹는다. 남과 여도 연인으로 사귈

때는 믿음으로 묶는다. 어찌 되었건 사람은 서로 믿고 의지하고 더불어 살 수밖에 없는 존재인 것 같다. 마찬가지로 부부생활도 믿음이 없으면 곤란할 수밖에 없다.

아이러니하게도 도둑이나 범죄 집단도 신의를 강조한다. 믿음 없이는 와해의 길을 걸을 수밖에 없다. 이로 미루어 보면 악한 사람들도 믿음 없이는 살 수 없을 것 같다. 속임에 능숙한 사기꾼도 솔깃한 말로 믿음을 심어주고 사기를 친다. 그러나 모든 거짓된 사람들의 내면은 불안한 정서로 항상 초조하고 우울할 수밖에 없다.

이처럼 우리는 삶 속에서 다양한 상황을 맞닥뜨리게 되고 그 속에서 심리는 복잡하게 작동한다. 선善을 이루기 위해서 부득이 속여야 할 상황이 있을 수도 있겠으나 그래도 속는 것이 속이는 것보다 낫다. 믿음으로 사는 것이 행복하다. 평소에 느낀 바를 돌이켜 보아도, 무슨 일을 하든지 믿음이 있어야 든든했다.

좋은 열매를 기대하듯이 믿음은 미래를 꿈꾸는 힘이다. 믿음은 사랑이 만들어가는 계단을 통해 자라며 소망이 열어가는 창문을 통해서 볼 수 있다. 잠깐 왔다 가는 삶이지만 영원한 세계를 소망하며 더불어 신뢰의 끈을 붙들고 함께 걷는 삶 그것이 바로 인생이 아닐까 생각해 본다.

# 한 치 앞을 모르는 삶

며칠 전 일이다. 친구들과 모여 즐겁게 식사를 하고 귀가하는 길에 뜻밖의 자동차 추돌 사고를 냈다. 불행 중 다행으로 물적 손해만 입었다. 사는 게 늘 예기치 못한 일들의 연속이긴 하지만 자동차 운전 20여 년 동안 위험천만한 순간은 한두 번이 아니었다. 모두 생각하지 않은 날, 전혀 예상치 못한 시각에 일어났다. 당장 내일 일, 아니 오늘 어떤 일이 일어날지 모르는 하루하루가 갑자기 너무나도 큰 의미로 내게 다가왔다.

정말 알다가도 모르는 게 세상살이다. 언제 어디서 무슨 일을 당할지 한 치 앞도 모르고 사는 것이 인생이다. 내일까지 산다고 누가 보장할 수 있는가? 바로 요 얼마 전 일이다. 동호회에서 자주 만나는 한 친구와 함께 점심을 먹은 뒤 내일 또 만나자고 악수를 하고 헤어진 일이 있었다. 그런데 이튿날 그 친구가 갑작스러운 심근경색

발병으로 세상을 떠날 뻔했다. 증상을 느끼자마자 바로 가까운 병원 응급실로 가서 적절한 조치를 받은 다음 더 큰 병원으로 호송되어 곧바로 스텐트 삽입 시술을 받고 돌연사를 모면했다고 한다.

이뿐만이 아니다. 매월 모임을 같이 하던 모 회원이 며칠 뒤 예기치 못한 사고를 당하여, 영안실에서 유명을 달리하여 만났던 일도 있다. 누구나 '앞날'에 어떤 일이 일어날지 알 수 없다. 기억을 더듬어 보면 생각하지도 못하고 알지도 못하는 순간에 일어난 일은 부지기수다.

한 치 앞을 모르는 인생의 무지를 실감한 일이 있었다. 십여 년 전 어느 해 여름밤, 우리 집 근방에 국지성 폭우가 내렸다. 하늘이 뚫린 듯 천둥 번개가 내리치고 물 폭탄 같은 장대비가 쏟아졌다. 퍼붓듯이 내린 비로 저수지의 둑이 터지자 마을은 삽시간에 물바다가 되고 말았다. 거센 물살은 대문을 넘어와 마당에 차오르더니 급기야 평온하던 안방까지 쳐들어왔다. 가족 모두 혼비백산했다. 넓은 터에 아름다운 정원수들을 가꾸며 늘 안전하리라 여겼던 우리 집이 어느 날 갑자기 흙탕물로 넘칠 줄 누가 알았겠는가? 황망한 마음을 추스르지 못한 채 한동안 재해신경증災害神經症에 시달렸다. 생각지 않은 그날의 물난리는 삶의 불확실성을 일깨워 주었고, 지금도 내 머릿속에 머물고 있다.

나이 탓인지 몰라도 근래에 와서 부쩍 쓸데없는 걱정이 늘어난다. 혹시 무슨 병이 생기지 않았는지 이 의사 저 의사를 찾아다니고, 건강 센터나 영양제를 찾는 일이 잦아졌다. 뜻밖의 변고에 대비하여 나는 여러 가지 보장성 보험에 가입하고 있다. 건강에 관한 모음 자료는 수두룩하다. 심지어 사고가 생길까 봐 비행기를 타는 여행이 꺼려지고 있다. 이 모두가 미래의 불확실성 때문에 생긴 기우다.

여하튼 뜻대로 되지 않는 게 인간사다. 아무리 돈이 많고, 권력이 있어도 지킬 수 없고, 막을 수 없는 것들이 많다. 최근 나라 안팎에서 예기치 못한 사건들이 잇달아 일어났다. 세월호 참사. 포천 빌라 고무통 변사 사건, 육군 28사단 의무대에서 후임병을 집단 폭행해 사망에 이르게 한 군부대 내 사건 등은 예측하기 힘든 충격적인 사건들이었다. 나라밖에서는 우크라이나 반군이 여객기를 격추하여 300여 명의 사망자가 발생하였고, 중국 윈난성에서는 지진이 일어나 700명이 넘는 사망, 실종자가 생겼으며, 에볼라 바이러스 창궐로 사망자가 속출하고 있어 세계보건기구(WHO)가 비상사태를 선포한 상황이다.

지구촌 곳곳에서 무슨 일이 일어날지 아무도 모른다. 어떻게 될지는 미지수다. 아무리 정확한 정보를 가지고 예측한다 해도 결국 예측은 예측일 뿐이다. 예측 불가성은 신이 이 세상을 만들 때 정해놓은 절묘한 법칙 같다는 생각이 든다. 인생사도 마찬가지다. 요즘 들어 "너는 내일 일을 자랑하지 마라. 오늘 네게 무슨 일이 일어날는지 네가 알 수 없음이니라."라는 잠언이 새삼 마음에 와닿는다. 간혹 너무 많은 욕심을 부려 먼 장래 일까지 끌어다가 생각하며 걱정근심에 빠지기도 하는 내가 항상 명심하고 경계해야 할 교훈이 아닐까 생각한다.

스티브 잡스가 한 말이 생각난다. 오늘이 내 인생의 마지막 날이라면, 과연 나는 오늘 내가 하려는 일을 하길 원할 것인가? 한 치 앞도 모르지만, 최선을 다해 오늘 주어진 일에 충실하며 살아가는 것 또한 내 인생이라고 답하리라. 하루하루를 인생의 마지막 날처럼 살라는 말이 그래서 있는 게 아닐까? 누구를 만나더라도 마치 마지막 만남처럼 사랑을 다하고, 하고 싶은 일이 있다면 마치 인생의 마지막 날처럼 그 일을 시도해보라는 뜻일 게다. 더욱이 중요한 것은 내가 여전히 살아있고, 내일도 축복 같은 하루를 살 것이라는 사실이다. 긍정과 낙천樂天으로 내일을 꿈꿔야겠다.

안개처럼 한 치 앞을 분간할 수 없는 시기일수록 미래에 대한 꾸준한 관심을 가지면서 내 인생을 설계해야겠다. 구더기 무서워서 장 못 담그랴. 예측 불허의 치열한 게임일수록 가슴은 두근거리는 법이다. 내가 야구에 열광하는 큰 이유도 여기에 있다. 앞일을 모르기 때문에 설레는 마음으로 나름의 꿈을 갖고 살아갈 수 있는 게 아닐까.

내 인생 항로와 여행의 끝이 언제일지는 모르지만, 매일매일 간절하게 살고 싶다. 주어진 하루를 감사하게 생각하고, 사랑하는 사람과 행복하게 살고 싶다. 순간순간을 열심히 그리고 후회 없이 살아야겠다. 오늘따라 그런 생각이 불현듯 떠오른다.

# 집착에서 벗어나기

요즘 들어 집착증이 다시 도지고 말았다. 얼마 전 일이다. 시골 밭의 복분자 가지를 치려고 공구함에서 전지가위를 찾았으나 없었다. 오후 내내 온 집안을 들추고 뒤졌으나 끝내 나오지 않았다. 그리 값나가는 물건도 아니고 새로 사면 될 터인데 이튿날에도 계속 찾는 일에 매달렸다. 괴로운 심정만 커질 뿐이었다.

사소한 물건일지라도 잃어버리면 기어코 찾아야 직성이 풀리는 성격 때문에 나는 가끔 맘고생이 심했다. 중학교 때의 일이다. 수업을 마치고 귀가하던 어느 날, 노리개를 호주머니에 넣고 오다가 그만 잃어버렸다. 이십 리 통학길을 집요하게 되짚어 훑어가며 기어코 찾았다. 답답했던 가슴이 후련하게 뚫렸다. 기쁘고 시원했다.

그런데 찾은 기쁨은 오래가지 않았다. 나의 행동에 대해 다시 생각해 보니 무척 한심스러웠다. 그따위 물건을 찾느라고 몇 시간 동안 마음을 졸이고 고생했다는 생각을 하니 은근히 화가 났다. 곰곰 되씹을수록 부아가 치밀었다. 그만 길가 방죽으로 올라가 물속에 그것을 던져 버렸다. 그 일을 계기로 사소한 것에는 너무 집착하지 않기로 다짐했다. 그 뒤로는 잃어버린 물건을 되찾는 일에 애태우는 횟수가 줄어들었다.

아무리 애써도 되지 않을 일에 대한 단념은 빠르면 빠를수록 좋다. 재물이든, 명예든, 권력이든, 사회적 지위든 그것이 무엇이든 간에 너무 집착하거나 욕심을 내 모으거나, 가져 보았자 다 일시적이다. 우주 만물은 인과가 끊임없이 반복되고 한 모양으로 머물지 않는다. 그러므로 세상엔 고정된 모습이란 없다.

물도 고정된 모습에 집착하지 않는다. 여건에 따라 얼음, 물, 수증기로 변한다. 《손자병법》에서는 유연한 사고를 강조하면서 물을 닮으라고 말한다. 장군은 물처럼 자신의 모습을 자유자재로 바꿀 줄 알아야 마지막 승자가 될 수 있다고 한다.

무모한 집착은 삶의 고통을 불러온다. 키가 몽땅한 사람이 농구에 집착하여 밤낮없이 노력한들 국가 대표선수가 될 리 없다. 아무튼, 고통은 지나친 욕망에서 비롯된다. 욕망은 집착을 내고, 집착은 고통을 부르며, 고통은 병에 이른다.

나는 한때 집착이야말로 성공의 지름길이요 행복을 찾아가는 길이라 생각한 적이 있다. 이제 와 돌이켜보니 집착을 통해 크게 성공했다고 내세울 만한 것이 없다. 아집에 빠질수록 괴로움만 커졌지, 결코 행복감을 맛보지 못했다.

한창나이 때, 술타령에 빠져 하루에 열 군데의 술집을 돌아다닌 적도 있었다. 어느 날, 거울을 보니 얼굴에 부쩍 기미가 끼었다. 치우친 고집은 병病이 될 수 있다는 걸 알았다. 돈, 사랑, 건강, 명예, 가족 등은 다 삶을 윤택하게 만드는 요소이긴 하지만 그것에 집착하는 마음을 갖는 순간 헛된 생각에 빠지기 쉽다는 것도 알게 되었다.

사실이지, 요즘 내 방은 여기저기 책과 옷가지로 너저분하다. 온갖 잡동사니들이 구석구석을 차지하고 있다. 대부분 언젠가는 쓸모 있겠지 생각하면서 모아 놓은 물건들이지만 자세히 들여다보면 별 소용 가치 없는 것들이 태반이다. 이처럼 물건을 자꾸만 쟁여 놓는 습관에 사로잡히는 것도 일종의 집착이라는 걸 최근 들어 감지할 수 있었다.

그래 나는 그렇다 치고, 고명한 학자나 성인들은 집착을 벗어날 수 있는 길을 어떻게 가르쳤을까 궁금해서 알아보았다. 먼저 미국 영성靈性의 발전에 깊은 영향을 끼친 켄 케이즈 주니어(Ken Keyes, Jr.)가 쓴 《의식상승의 길》이라는 에세이가 눈에 들어왔다. 그는 이 책에서 모든 불행의 원인인 마음의 올가미에서 벗어나는 방법에 관해 얘기했다.

"의도意圖를 가져라. 하지만 기대를 하지 말고, 당연히 요구도 갖지 마라. 특정 결과에 집착하지 말고, 한쪽을 더 선호하지도 마라. 네 집착을 선호로 승화시키고, 네 선호를 받아들임으로 승화시켜라. 이것이 평화에 이르는 길이고, 이것이 깨달음에 이르는 길이다."라고 하였다.

《논어》 '자한' 편에 보면 공자는 네 가지가 전혀 없었다. 네 가지란 의意, 필必, 고固, 아我다. 여기서 '의'는 근거 없는 억측이요, '필'은 무리하게 관철하려는 자세요, '고'는 융통성 없는 완고함, '아'는 오직 나만이라는 집착으로 풀이된다. 이 네 가지가 없어야 성인이라 하니, 이를 끊는 일이 또 얼마나 어려운지는 말할 것도 없다.

장자莊子는 이 세상에는 모순 · 대립하는 것으로 보이는 양면성이 있는데, 그것은 상대적이고 상호 의존적으로 생겨나는 것이므로, 그중에서 어느 것만이 옳다고 집착하지 말아야 한다고 주장했다. 그리고 그는 그와 같은 편견에서 벗어나야만 평화로운 삶을 살아갈 수 있다고 하였다. 고집멸도苦集滅道라는 말이 있듯 불교에서도 해탈하려면 집착을 끊어야 한다고 알려준다.

성경에 의하면 모든 것이 하나님의 것이다. 재물뿐 아니라 생명조차 내 것이 아니고 하나님이 주신 것이다. 그러므로 소유와 집착에서 벗어나는 길은 오직 진리를 알고 자유롭게 되는 길 외에는 없다.

누구나 문제는 다르지만 저마다의 집착에 빠져 괴로워하며 사는 것이 우리네 인생인 듯싶다. 아직도 나는 온갖 왜곡된 생각으로 가득 찬 아집과 집착이라는 굴레에서 벗어나지 못하고 있다. 어쩌다 이렇게 되었을까? 옛 성현들은 하루에 세 번씩 자신의 행동을 반성했다고 하지 않았던가. 나도 날마다 자기성찰을 하다 보면 집착으로 생긴 삶의 무게를 줄일 수 있으리라 생각해 본다.

# 내 것은 없다

엊그제 만났던 분이 별세하셨다. 문상을 갔다. 슬픔에 잠겨 있는 상주들이 안타까웠다. 모든 사람의 끝이 이처럼 된다는 걸 모르는 바 아니지만, 너무나 덧없는 인생이라는 생각이 들어 못내 가슴이 저렸다.

한편, 내 삶을 돌이켜보는 계기가 되었다. 우리네 짧은 인생, 죽어 저세상에 갈 때 무얼 가지고 갈 수 있을까? 곰곰이 생각해 보니 원래 내 것은 아무것도 없었다. 만물은 본래공本來空이라고 하지 않았던가. 누구나 이 세상을 떠나 저세상으로 이사 갈 때는 싫어도 다 놓고 가야 한다. 내가 머물러 사는 육신의 장막도 언젠가는 흙으로 돌려보내야 하리라.

얼마 전 향우회원들과 제주도로 단체여행을 갔을 때 일이 생각났다. 첫날 관광이 끝나고 누군가 아홉 시까지 내 방으로 모이라고 초

대해서, 몇몇이 그가 묵는 방에 모여 술잔을 나누던 때의 일이다. 문득 그의 말에 잘못이 있다는 생각이 들었다. 그는 무심결에 '내 방'이란 말을 입 밖에 내놓았겠지만, 잠시 머물다 가는 사람에게 '내 방', 즉 '내 소유'의 방은 없지 않은가. 손님으로서 묵는 기간만 잠시 대가를 치르고 빌린 것일 뿐이지 않은가.

그건 그렇다손 치더라도 집에 있는 내 방을 내 것이라고 할 수 있을까? 아니다. 그 집에 사는 동안만 내 방일 뿐 내 소유가 될 수 없다. 그렇다면 하룻밤을 묵는 여관과 다를 게 무엇인가. 최대로 기한을 확장한다 해도 내가 그것을 사용할 수 있는 기간은 살아 있는 동안뿐이다.

이처럼 어떤 것을 가지거나 버리는 행위는 삶의 과정에서 스쳐 가는 짧은 시간에 지나지 않는다. 모든 일을 할 수 없고, 모든 것을 가질 수 없음은 명백한 이치다. 지금 어떤 것을 가지고 있는 듯이 보여도, 사실상 영원히 가질 수 있는 것이 아니다. 그런고로 세상 것을 가지려고 아무리 아옹다옹해 봤자 말짱 헛일이다. 살아생전 쥐고 있던 것을 펼 줄 알고 놓을 줄 아는 것이 삶의 여유와 지혜가 아닐까. 하기야 나처럼 가진 게 빈약한 자는 펴 내놓을 만한 게 별로 없겠지만.

한편 생각해 본다. 이 지구도 무량 광대한 우주계의 아주 작은 한 조각에 지나지 않거늘 하물며 그 속의 인간이 가지면 얼마나 가질 수 있으랴. 모든 사물은 나와 인연이 닿아서 한시적 관계를 맺다가 언젠가는 떠난다. 내 몸, 내 돈, 내 옷, 내 물건들도 마찬가지다. 이런 논리로 생각해 보면, '내 것'이라고 할 수 있는 것은 어디에도 없다.

아무리 그러하기로 과연 내 것은 아무것도 없단 말인가? 나의 순간들! 내가 사는 순간들이 나의 것인 듯싶다. 다시 말해 이 세상에서 내가 살며 누리는 매 순간들이 바로 나의 것이 아닐까.

조문을 갔다 온 뒤로 이런저런 상념에 빠져드니 나의 존재가 더욱더 초라하게 느껴진다. 문득 "내가 희락을 찬양하노니 이는 사람이 먹고 마시고 즐거워하는 것보다 더 나는 것이 해 아래에는 없다."는 전도서의 말이 떠오른다. 그래서인지 지금 이 시간, 이 순간을 충분히 즐기며 살아야겠다는 생각이 굼실굼실 일어난다. 두 손을 살며시 가슴에 얹어 본다. 삶의 숨결과 온기가 조용히 파도쳐 오르고 있다. 지금 이처럼 활기가 있고 누군가의 삶을 일으켜 세울 힘이 있을 때 뭔가 신명 나는 일을 하고 싶다.

오늘도 하루가 밝았다. 내게 주어진 날을 헤아리며 지혜롭게 살고 싶다. 그런 하루하루이기를 바라며 아침의 창을 활짝 연다.

# 마음이 휑해질 때

어쩌다가 휑 뚫린 공허감으로 마음을 걷잡을 수 없을 때가 있다. '아아, 이 공허! 내 가슴속에서 뼈저리게 느끼는 이 무서운 공허! 한 번만, 단 한 번만이라도 그녀를 내 품에 꼭 껴안을 수 있다면 이 끔찍한 공허는 완전히 메워질 수 있을 텐데….' 괴테의 《젊은 베르테르의 슬픔》 글 인용문이다.

열정이 들끓었던 젊은 시절 한때 내가 한 여인을 그리워하며 느꼈던 감정이기도 하다. 그러나 그 무엇이든지 영원하지 않고 변한다. 사랑도 우정도 우주를 포함한 이 세계의 모든 것들도 환경과 상황에 따라 결국 변하거나 사라지게 된다. 나이가 들어가니 열정이 식고 또 다른 의미의 공허가 찾아오는 것 같다.

지난주에는 세 번이나 문상을 갔다. 뜻밖의 사고로 두 분이 돌아가시고 노환으로 한 분이 별세하셨기 때문이다. 특히 엇그제 만났던 사람이 갑작스럽게 유명幽明을 달리하니 인생의 허무감에 가슴이 저렸다. 슬픔에 잠겨 있는 상주들이 안타까웠다. 사람이 죽으면 이 지상의 그림자에 불과한 육신의 구속에서 벗어나게 된다는 말이 있지만, 너무나 덧없는 인생이라는 생각이 들어 못내 마음이 무거웠다.

인생의 목적과 이유를 찾지 못한다면 공허감이 생기는 것 같다. 며칠 전 친밀하게 교유하는 한 의형이 일상의 공허함과 무료한 기분을 토해 냈다. 병원에서 수술을 받고 퇴원하여 집에서 요양하면서 무료하게 지냈더니 괜히 허무하고 공허한 마음이 들어 마음을 걷잡을 수 없었다고 했다. 과연 내가 무엇을 하고 있는지, 잘하고 있는지, 어떻게 해야 하는지 등 자신에게 끊임없이 질문을 던지고 스트레스를 부여했다고 한다. 변화나 새로움을 꾀하지 않고 망상만 하며 틀에 박혀 지내다 보니 허전한 기분에 휩싸였던 셈이다.

나는 그 형에게 일상의 소소한 풍경과 장면에 관심을 가져 보라고 권했다. 공허할 때엔 밖으로 나가 아침에 들리는 새소리, 등교하는 학생들의 재잘거림과 일터에 나가는 사람들의 콧노래를 감상하고, 거리에서 마주치는 사람들, 상점들, 심지어 잘 포장된 길과 가로등에 감사하고 친절한 인사를 던지다 보면 공허감을 느낄 겨를이 줄어들 거다.

그리고 거리에서 폐지를 줍는 할아버지, 음식점에서 시중하는 아르바이트생들, 뜨거운 사우나에서 수건을 정리하는 아주머니, 늦게까지 불이 켜진 도서관의 학생들, 저녁 막차 시내버스를 기다리는 사람들…. 이러한 현장을 가만히 보고 있노라면 공허함이 조금은 사라질 거라고 말했다.

어떤 때는 하루하루 반복적인 일상 속의 내가 기계처럼 느껴지면서 인생의 회의감으로 방황할 때도 있다. 지난 한 주 동안 내내 애경사를 찾아 바쁘게 움직이다 보니 몸과 마음이 지쳤다. 면역력이 약해져 감기몸살에 걸린 탓인지 어젯밤에는 내내 선잠을 잤다. 외출을 삼가고 온종일 방안에만 있으려니 무료하기 짝이 없었다. 만사가 귀찮아졌다. 무엇을 해도 기쁘지도 않고, 채우려고 해도 채워지지 않았다. 하루가 힘겹고 지겨웠다. 누워 잠을 청해 봐도 공허한 생각만 오락가락했다.

나는 가끔 '나의 정체성'을 확인하고 싶어질 때 빼곡히 계획표가 적혀 있는 달력을 보는 습관이 있다. 적혀 있는 일정이 어제의 나와 오늘의 나를 나누고 있다. 바쁘게 달려야 했던 날과 한가로운 날들이 일정표를 보면 확연히 분간된다. 가끔 공란 상태가 편할 때가 있다. 하지만 무엇을 해야 한다는 것으로 공란을 채우기 위해 오늘을 떠올려 보지만, 떠올려지는 오늘은 나를 향해 뒤돌아보며 공허한 표정을 하고 있을 따름이다. 오늘의 나는 왜 그렇게 공허한가. 허전감을 메꾸어 줄 신나는 일이 어디 없는가.

젊었을 적에는 직장 일에 매여 바쁘게 살다 보니 허무함을 느낄 틈이 없었다. 나이가 많아지면서 공허감도 비례하는 것 같다. 무엇을 해도 메꿔지지 않는다. 잔잔한 바다 가운데에 홀로 서 있는 섬 같은 쓸쓸함이 점점 심해지는 것 같다. 인생의 공허감은 결국 절대자에 의해 해결되는 문제인 성싶다.

히말라야 8,000m 이상 봉우리 16좌 등정에 성공한 엄홍길도 '정상에 서면 기쁨은 잠깐이고 이내 허탈감에 빠진다고 한다. 더 오를 곳이 없다면 이제 나는 어디로 가야 할까? 마치 더 이상 살아 있을 이유가 사라져 버린 느낌이었다.'고 했다.

대개 이처럼 온갖 어려움을 딛고 노력한 끝에 목표에 도달하였을 때 성취감과 동시에 허탈감에 빠진다고 한다. 또한, 이와 반대로 수없이 야근과 밤샘으로 회사에 충성했지만 더는 승진할 수 없다고 느꼈을 때, 또는 갑자기 한가한 부서로 발령을 받거나 자신의 업무와 무관한 계열 회사로 발령받았을 때, 자신이 물러나야 할 때라고 생각될 때 허무하고 공허한 심리 현상을 느낀다고 한다.

오늘따라 푸념을 잘 들어주는 아내가 나들이 갔다. 집이 썰렁하고 허전하다. 왠지 텅 빈 들판에 홀로 서 있는 것 같다. 삶을 달관하고 관조하는 자세로 살 만한 나이에 도달하였는데도 허무감이 밀려든다. 하루하루 요냥조냥 보낼 때가 많다. 세월 따라 몸도 늙어가고 초라하게 변하고 있음을 본능에 따라 감지하고 있다.

허전한 마음을 달래 줄 만한 일이 어디 없을까. 새로운 목표를 부여하거나 공허감을 메울 취미거리를 찾아보라고 나 자신에게 권고해야겠다. 크고 거창한 것이 아니라도 소소한 것에부터 하나씩 실천해 나가다 보면 새로운 꿈과 활력을 찾을 수 있지 않을까?

# 꼭 만나야 할 사람

반복되는 일상에 잠시 쉼표를 찍고 편안한 마음으로 내장산 금선계곡을 걸었다. 어귀의 돌 징검다리를 건너자 때마침 숲속에서 꾀꼬리, 딱따구리, 이름 모를 새들의 소리가 절의 목탁 소리와 교향악으로 어우러지고 있었다. 눈과 귀가 즐거워지고 묘한 흥이 일어 응얼응얼 콧노래로 화답했더니 마음이 가벼워졌다.

반 시간 남짓 흙길과 돌길을 걸으며 예닐곱 개의 다리를 건너다 보니 신선삼거리가 나왔다. 신선봉을 향한 오르막길로 들어섰다. 팍팍해지는 두 다리를 두어 시간 달랜 끝에 마침내 정상에 올라서니 희열과 기쁨이 가득 차올랐다.

굽이굽이 펼쳐진 골짜기의 아름다운 비경에 매료되고 말았다. 그윽하고 신비한 기운이 주위를 감돌았다. 슬며시 눈을 감고 원시 본연의 상태에 자연스레 잠겼다. 마음이 평온하고 고요해졌다. 잡념을 벗어난 마음이 한곳에 머물러 백지상태로 돌아간 듯싶었다. 정신을 차려 다잡고 다시 바라보니 눈앞의 모든 존재가 새삼스러운 경이로 다가왔다. 곰곰이 생명체의 근원인 대자연의 이치를 생각해 보았다.

태초에 원자와 원자가 만나서 물질이 되고, 물질과 물질이 시간이 지나면서 결합하고 질서를 가지게 되면서 단세포 생물, 나아가 인간이 되는 과정을 상상해 보니 나 자체가 자연의 신비였고 작은 우주였다. 우리 저마다 모두 무한함과 완전함이 온전하게 갖추어진 존재라는 생각이 들었다.

우주에는 1,000억 개의 은하 중 하나인 우리 은하에는 1,000억 개의 별이 있다고 한다. 이 가운데 한 별인 태양, 태양의 주위를 도는 행성의 하나인 지구, 이 속에서 사는 70억 명의 하나인 나는 얼마나 특별한 존재인가?

한편 생각해 보면 그 무엇과도 바꿀 수 없는 소중한 내 존재도 피조물 중 하나일 뿐이다. 해, 흙, 물, 바람, 산소 등 같은 자연에 의지하여 존재한다. 그 어디에도 나 또는 나의 것이라고 주장할 수 있는 본래부터 내 것은 없다. 그러므로 우리는 세상을 떠날 때 가져갈 게 없다. 우리나라 재벌의 일인자였던 모 회장도 나이 들어 세상 떠나기 얼마 전 틈을 내 익혀오던 붓글씨로 겸허謙虛를 쓰고 공수래공수거空手來空手去를 써서 세상에 남겨놓고 떠났다고 한다. 언젠가 나도 무아無我의 신세로 대자연으로 돌아갈 수밖에 없으리라.

대자연 앞에서 불가사의한 기적의 존재, 유일한 존재로서의 나를 만나는 한편 한없이 작아지는 나 자신을 발견하는 하루였다. 하루하루 쌓이고 뒤섞인 일들로 어떻게 해야 할지 갈피를 못 잡고 마음이 무거워질 때쯤이면 금선계곡 같은 한적한 골짜기를 찾아가 꼭 만나야 할 소중한 사람, 나를 만나기를 권하고 싶다.

# 5

# 버리지 못하는 것들

# 새해 소망

국내외로 우울한 소식이 줄줄이 이어졌던 2016년 원숭이해가 저물고 있다. 두 차례의 북한 핵실험과 개성공단 폐쇄로 남북관계가 얼어붙었고, 미세먼지 공습, 최대 규모의 지진, 최악의 고병원성 조류인플루엔자가 차례로 터져 나왔다. 하반기에는 현직 대통령이 연루된 '최순실 게이트'가 불거져 온 나라를 뒤흔들었다. 유럽 곳곳에서 무자비한 테러가 자행됐고, 중남미에서는 지카 바이러스가 퍼져 150여만 명이 감염되기도 했다.

2016년은 내게도 힘들었던 한 해로 기록될 것 같다. 자질구레한 일에 부대끼며 살다 보니 꼭 이루고 싶은 일은 뒷전으로 밀려났다. 이 핑계 저 핑계로 할 일을 미루고 어영부영 보낸 세월이 아쉽기만 하다. 돌이켜보면 나는 변덕쟁이였다. 어릴 때부터 해가 바뀔 무렵이 되면 매양 새로운 목표와 계획을 세워서 실천하겠다는 각오를 다져왔건만 한 번도 제대로 이룬 적이 없다. 처음 며칠 동안은 계획대로 잘 실천하지만, 점차 그 계획은 흐지부지되기 일쑤였다. 마침내 나 자신의 빈약한 의지력을 탓하면서 무력감에 빠져 포기하기 예사였다. 모두 나의 게으름 탓이지만 가당치 않은 목표와 힘에 부치는 계획인 경우도 허다했다.

새해에도 해내야 할 일이 많다는 생각이 앞선다. 이맘때면 대개 누구나 새해에 꼭 이루고 싶은 꿈과 소망이 있게 마련이다. 최근 어떤 좋은 친구 모임에서 '새해 바라는 소원'에 관해서 물어봤더니, 직선적이고 단순한 대답 일색이었다. 가족과 함께하는 여행에 관한 것이 가장 많았고, 아파트나 자동차 등 특별히 지정한 자산을 갖고 싶다는 소원, 그리고 자기계발 등에 관한 소원이 그 뒤를 이었다.

내게도 소소한 꿈이 많다. 하루하루와 한 해 한 해를 소망하면서 살고 있다고 해도 과언이 아니다. 배우고 싶은 것, 여행하고 싶은 곳, 만나고 싶은 사람들이 많다. 건강, 가족, 금전, 성공, 자녀, 취미, 사업, 인간관계 등과 관련된 계획이 많아서 모두 이루어질지는 미지수이다.

바로 어제 묵은해를 보내며 생각났던 '설산의 야명조' 얘기가 다시 떠오른다. 밤이 되면 혹독한 추위를 이기지 못해 내일은 꼭 집을 지어야겠다고 생각하다가 날이 밝아 햇살이 비치면 밤새 얼었던 몸을 녹이며 엊저녁 일은 까맣게 잊고 다시 온종일 논다는 이 이야기를 교훈 삼아 새해 2017 정유년에는 실천 가능성이 높은 계획을 세워야겠다고 다짐해본다.

먼저 새해의 꿈 목록을 작성해 볼까 한다. 꼭 하고 싶은 것을 생각하며 간절한 마음으로 정성껏 써서 늘 보이는 벽에 걸어놓고 1년 동안 아침에 일어나서 일과를 시작하기 전, 잠들기 전에 꼭 한 번씩 읽어볼 계획이다. 날마다 보고 실천하노라면 1년 후에는 여느 해보다 꿈의 실현 가능성이 커지지 않을까 기대를 걸어본다.

실현성 없는 기대로 끝날 수도 있겠지만, 소중한 꿈이 있기에 우리는 힘과 용기를 내고, 최선의 노력을 다하는 게 아닐까. 또한, 수많은 꿈과 소원이 뭉치고 열매 맺어 오늘의 내가 이루어진 게 아닐까. 작은 소망일지라도 그것이 삶의 힘, 나의 발전 동력이 되었으리라.

어쨌든 신이 우리에게 공평하게 보내준 선물, 그것은 바로 '시간'인 듯싶다. 내게 주어진 시간은 얼마나 될지 좀 더 진지하게 생각해 볼 심산이다. 삶의 마침표를 찍기 전에 꼭 하고 싶고, 반드시 해야 할 일을 떠올려보고 실천하며 보람차게 살아가고 싶다. 2017년 새해에는 나의 작은 꿈과 계획이 꼭 이루어지기를 바란다. 대체로 '괜찮다.'고 스스로 보듬어 온 하루하루가 되었으면 좋겠다. 정치적으로도, 경제적으로도 우리나라 국민 모두의 얼굴이 환해지는 해가 되기를 소망하며 기원한다.

# 세 친구

연두, 초록이 곱게 번지는 오월 첫 단추를 끼는 날 아침, 내가 찾아간 곳은 정읍사공원 약수터였다. 거기서 우연히 고등학교 선배 한 분을 만났다. 내일모레 팔십이라는데 연세보다 정정해 보였다. 어쩌면 그렇게 나이 먹을 줄도 모르고 그렇게 건강하시냐고 했더니 그렇지도 않단다. 불편한 데가 많고 그래서 운동 삼아 약수터도 오는 거라며 세월이 참으로 빠르게 흘러간다고 했다. 정년으로 퇴임한 지가 엊그제 같은데 어느새 20년 세월이 가버렸단다. 그러면서 뜬금없이, 시간 도둑이 있는 것 같다고 했다. 당신의 시간을 훔쳐가는 것들이 있다는 것이다. 그러면서 주머니에서 뭘 꺼내는데 '갤럭시노트3'이라는 스마트폰이었다.

자식들이 선물이라며 바꿔주고 사용법을 가르쳐 준 바람에 그걸 들여다보며 틈틈이 정보를 찾아보거나 수시로 채팅하며 잠시도 떼어 놓을 수 없다는 것이다. 그리고 노인복지관에서 컴퓨터의 기본을 배운 뒤부터 늦게 배운 도둑이 날 새는 줄 모르듯 컴퓨터와 씨름하는 시간도 많아졌고, 텔레비전 시청 시간도 만만치 않은 일상이 되어버렸단다. 이러한 대중 매체들을 친구처럼 가까이하다 보니 불필요한 것들에게 관심을 기울이게 되었고, 사는 일이 산만하고 너저분해졌다는 푸념이었다. 요즘엔 책 읽는 시간이나 친구 만나는 시간까지도 줄어들어 버렸단다. 그러면서 내가 이럴 정도니 요즘 젊은이들은 오죽하겠느냐는 것이었다.

최근 스마트폰 사용 인구가 많아지면서 스마트미디어는 우리 생활에서 떼어낼 수 없게 되었다. 심지어 화장실에 갈 때도 가져가고, 아예 옆에 두고 잠을 자는 사람도 부지기수다. 지하철이나 버스 등 대중교통수단을 이용하면 많은 사람이 스마트기기를 들여다보고 있는 모습을 보는 게 흔한 일이 되어버렸다. 찻집에서 젊은 연인들이 각자 스마트폰을 보느라고 정작 오순도순 정담을 주고받는 일은 뒷전으로 밀리는 경우도 다반사라고 한다. 휴대 전화 없이는 불안해 견디지 못하는 세태가 되었다.

가끔 놀러 오는 손주들도 방에 들어와 인사를 나누자마자 곧바로 컴퓨터 앞으로 몰려가 어린이 만화 영화나 게임에 정신이 팔려있다. 못 하게 말리자니 정이 떨어질까 봐 대개의 경우 본체만체하지만, 왠지 찜찜해질 때도 있다.

하긴 나의 실제 생활을 돌이켜보아도 시대의 흐름에 떠밀려 사는 것 같다. 하루 중 컴퓨터나 스마트폰, 그리고 텔레비전 시청으로 보내는 시간이 약수터에서 만난 선배보다 훨씬 웃돈다. 설마 이 정도까지, 싫을 만큼 밤낮 할 것 없이 깨어 있는 동안은 거의 이 셋 중 하나에 붙들려 있다 해도 과언이 아닐 정도다.

가끔 아이디어가 쉽게 떠오르지 않을 때는 인터넷에 접속하는 습관이 있다. 검색창에 키워드를 입력하고 관련 사이트를 훑어보는데 평소 관심 있었던 다른 정보가 눈에 띌 때는 얼른 클릭해서 그 기사를 먼저 읽는다. 이런 과정을 몇 번 반복하며 웹서핑을 하다가 그만 하루가 다 지나가기 일쑤다. 종일 모니터를 본 덕에 눈은 피로해지고 어깨도 결리지만 결국 그날 해야 할 일을 못 하는 경우가 다반사다. 항상 이런 식이다. 나날이 되풀이되는 나의 일상이다. 어떤 때는 이런 나 자신에게 화가 날 때가 있다. 그럴 적마다 곰곰이 '지금 이렇게 사는 것이 잘살아가고 있는 것인가?' 자문해 보기 한두 번이 아니다.

마침 오늘은 근로자의 날이라 나도 덩달아 쉬고 싶어 졌다. 하고 싶은 인터넷 접속과 텔레비전 시청을 제쳐 놓고 밖으로 나와 뒷동산으로 올라갔다. 쉬엄쉬엄 산마루에 올라 마음을 가라앉히고 고요히 생각에 잠기니 그동안 내 마음을 주관하던 침묵의 자아가 말을 걸어오는 것 같았다. 마음이 한결 홀가분해지고 잠시나마 어떤 구속에서 벗어난 느낌이 들었다. 이때 문득 일주일에 단 하루만이라도 디지털 휴무일을 두면 어떨까 하는 생각이 떠올랐다.

집으로 돌아오면서 결심했다. 시간 관리에 효율성을 높여줄 새로운 친구들을 만들어 보기로. 곧바로 내 시간을 훔쳐가는 휴대전화,

컴퓨터, 텔레비전을 통제하고 대체할 만한 다른 새로운 세 친구를 찾아보기로 했다.

첫 번째 친구는 책. 그동안 바빠서 책 볼 시간이 없었다는 건 핑계였다. 어림잡아 스마트폰, 컴퓨터, 텔레비전에 빠져 보내는 시간만 해도 하루에 다섯 시간이 넘는데…. 당장 인터넷 서점에서 책 몇 권을 골라 주문하였다. 적어도 일주일에 한 권씩은 읽기로 마음을 먹어 보지만 뜻대로 될 수 있을지 모르겠다.

두 번째 친구는 수필. 시대를 초월하여 영원하고 깊은 감동을 주는 문학의 힘을 믿기에 꼭 하고 싶었던 일 중 하나가 수필 쓰기였다. 잔뜩 벼르던 차에 친구의 소개로 몇 년 전부터 고명한 수필가의 지도를 받고 있다. 글쓰기는 노년의 아름다운 삶을 만드는 방편으로 손색이 없을 것 같다.

세 번째 친구는 일기. 어찌 보면 일기만 한 친구도 드물다. 친구라면, 마주 보고 이야기를 들어줄 공간이 필요할 것이다. 두툼한 일기장을 사들이기로 했다. 매일 인생에 관한 물음을 던지며 쓰노라면 생각하는 힘과 관찰력도 향상되고 유용한 수필 쓰기 전략으로 연결되기 마련이다. 적어도 일기를 쓰는 동안에는 자신을 돌아보면서 반성하고 살필 수 있지 않겠는가. 내일 일을 어느 누가 장담할 수 있으리오. 내 결심이 작심삼일로 흐지부지 끝날지는 두고 볼 일이다.

# 버리지 못하는 것들

“아버지, 새 신발 좀 사서 신으세요.”

낡은 랜드로바 구두를 신고 다니는 걸 본 큰딸이 상품권을 주며 한 말이다. 그러나 아직 새 신발을 살 생각이 없다. 제구실을 다 했으니 퇴역시킬 만하지만, 그동안 친숙해진 정을 버릴 수가 없었다. 아직 예비역으로 대기하고 있는 해진 운동화, 등산화, 구두들이 수두룩하다.

내게는 버리지 못하고 차곡차곡 모아두는 묘한 버릇이 있다. 올챙이배 같은 지갑엔 세월 지난 영수증, 명함, 카드로 늘 불룩하다. 방에는 온갖 잡동사니들이 널브러져 있다. 잘 치울 줄을 모른다. 책상도 잡다한 물건들로 가득하다. 보고 있노라면 정신이 산란하다. 어쩌다 한 번씩 치우지만, 금방 난잡해지고 만다. 서랍을 열어 보면 오래된 필기도구, 메모지, 열쇠, 영수증, 노끈, 편지, 사진, 봉투, 휴지 나부랭이 등 그동안 버리지 못한 온갖 잡동사니들로 가득하다.

평소 쓰지 않는 물건인데도 '언젠가는 쓸 날이 있을 거야.' 하는 생각에 버리지 못한다. 추억 때문에 버리지 못하는 것들이 많고, 사소한 것에도 가치를 부여하고 버리기를 망설인다. 버려도 아쉬울 것 없다 싶어 큰맘 먹고 버렸다가 얼마 안 돼서 다시 주워 담는다. 버리지 못하니 늘 지저분하고, 어지럽다. 말끔히 치웠다고 생각하는데도 돌아서 보면 여전히 너저분하다.

무언가를 버리지 못하는 습관 중에는 헌 신문 나부랭이도 한몫을 차지한다. 여러 해 동안 방안에 쌓아놓을 때도 있다. 아내로부터 지청구를 듣기 일쑤지만 듣는 둥 마는 둥 건성으로 대한다. 성화를 대면 그제야 못 이기는 체하고 시골 고향 집으로 옮겨 놓는다.

'오래된 것이 좋다.'는 내 고집과 달리 아내는 '새것이 좋다.'는 주장을 굽히지 않는다. 집안 곳곳이 버려야 할 것들로 가득 차서 가슴이 답답하다고 하소연한다. 거치적거리는 수집물들이 발길에 차일 때마다 제발 버릴 것은 버리고 깔끔하게 살자고 호소한다. 그러나 나는 '미안하다. 하지만 이건 나의 작은 박물관이다. 허름한 상자 속에서 할아버지의 유고집을 찾은 적도 있다. 하찮게 보일지 몰라도 내겐 의미 깊은 것들이고, 소중한 물건들이다.'고 말하며 이해를 구한다.

옛 물건들이 어느 순간 그리워질 때가 있다. 갑자기 어릴 적 사용했던 물건들이 생각난다. 군용 천막으로 만들어진 책가방이 추억의 1호 보물이다. 장롱을 열어 보니 중학교 시절 들고 다녔던 헌 책가

방 속에 일기와 학습장이 보관되어 있었다. 한창 민감했던 사춘기의 고민거리들이 몇 마디씩 적혀 있다. 그때는 철이 덜 든 탓인지 치기稚氣 어린 행동을 자주 했다. 다른 가방을 열어 보았다. 고등학교, 대학 시절의 사진, 일기, 편지 뭉치들이 가득 들어 있다. 뒤적뒤적 살펴보니 당시의 꿈 많았던 청소년 시절이 파노라마처럼 펼쳐진다. 옛 물건들은 현재의 나와 과거의 나를 연결해주는 징검다리다. 적어도 내겐 모두 뜻깊고 소중한 기념물이요 삶의 자취라고 아니 할 수 없다.

한편 생각해 보면 구닥다리를 모아 놓고 산다고 부자가 되는 것은 아니다. 정신적으로 여유로워지는 것도 아니다. 깔끔함은 버리는 데서 오는데, 넘쳐나는 잡동사니와 함께 지내는 나를 보면 더러 한심하다는 생각이 들 때가 있다. 그럴 땐 마음의 짐으로 다가온다. 버릴 것과 버리지 말 것에 대하여 분명한 기준을 세울 수 없어 고심할 때도 있다. 그런데도 왜 버리지 못하는 것일까? 버리지 못하는 것은 아무래도 천성인 것 같다.

그런데 어느 날 나의 못 버리는 버릇도 좌절을 맛보아야 했다. 젊은 시절 한때 책 읽기를 좋아해서 열정적으로 문고본을 사 모은 적이 있었다. 값비싼 책은 대개 안면 있는 외판원의 집요한 방문에 못 이겨 할부로 사들였던 것들이다. 그런데 1980년대 어느 해의 일이다. 게릴라식 폭우로 작은 저수지가 무너져 살림집에 물이 드는 바람에 책이 절반 이상 젖어 버렸다. 한 권씩 걸레로 닦아서 책장에 꽂기를 몇 날을 했지만 결국은 어쩔 수 없이 절반 이상을 버려야 했다.

이사를 할 때마다 버려진 살림살이도 많았다. 후닥닥후닥닥 막바지 짐 싸기에 이르면 번거로움이 변수가 되어 가구와 집기들이 이삿짐에 포함되기도 하고 버려지기도 했다. 몇 차례 이사하면서 묵은 세간들을 몇 트럭이나 버렸다.

이처럼 어느 것을 소유하거나 버리는 행위는 삶의 과정에서 스쳐 가는 한 찰나에 지나지 않는다. 지금 어떤 것을 가지고 있는 듯이 보여도, 사실상 영원히 가질 수 있는 것이 아니다. 세상 모든 일을 할 수 없고, 세상 모든 것을 가질 수 없음은 자명한 이치다. 지금 어떤 것을 가지고 있는 듯이 보여도, 사실상 영원히 가질 수 있는 것이 아니다.

그동안 버리고 비워야 할 것들이 많았지만 이런저런 핑계로 생각처럼 그리 쉬운 일이 아니었다. 한 번 좋아하여 관계를 맺으면 미련을 못 버리는 성미 때문인지 무엇을 잘 버리지 못하는 버릇에 물들어 지내 왔다. 아무래도 이제는 남길 것과 버릴 것을 걸러내는 거름망을 엉성히 만들어야 할 시점에 이른 것 같다.

버리고 비운 만큼 더 중요한 것들로 채울 수 있는 자리가 생기지 않을까? 우선 마음을 편찮게 하는 거추장스러운 짐들의 목록을 작성하여 버릴 건 버리고 정리해 볼 생각이다. 이 또한 버릴수록 더 많이 가질 수 있는 묘미와 즐거움이 아닐까 싶다.

# 끈질긴 전쟁

앵앵거리는 소리에 잠을 깼다. 벽에 걸린 시계는 새벽 3시를 가리키고 있다. 혹시나 하고 귀를 세웠더니 또 "애–앵" 소리가 귓전을 맴돌았다. 모기의 공습경보였다. 귓등 한쪽이 근지러웠다. 밤새 한 방 당했나 보다. 이 괘씸한 놈을 잡지 않고는 잠을 잘 수가 없을 것 같았다.

또 쳐들어오면 때려잡을 요량으로 얼굴을 미끼로 내놓았다. '앵' 날아드는 모깃소리가 귀를 스칠 때마다 헛치기 빵만 때리기 몇 차례. 나를 비웃는 듯한 앵앵거림에 약은 바싹 오르고 모기는 잡히지 않았다.

불을 켰다. 그 약아빠진 놈은 밝은 빛을 피하는지 종적을 감추었다. 그러나 한 번 피 맛을 본 놈이라 기다리면 간 큰 짓을 할 거라고 짐작했다. 아니나 다를까, 얼마 후에 드디어 나타났다. 허공에 몇 차례 헛손질한 뒤에 놓치고 말았다.

물러설 내가 아니다. 이번에는 살충제를 방 안 구석구석 뿌려 댔다. 한바탕 법석을 떠는 바람에 놀라 잠을 깬 아내가 "아닌 밤중에 무슨 짓이요?" 이내 어이없다는 듯한 표정으로 "모기 보고 칼 뺀다더니 바로 당신을 두고 이른 말 같소." 퉁바리를 놓더니 도로 잠을 청했다. 아내의 반응이 당연하다고 여기면서도 한편으로는 어이없긴 나도 마찬가지였다. 요란한 화생방 공격에 모기도 놀라 숨었는지 아무런 기척이 없었다.

설핏설핏 얕은 잠에 빠져들 만하면 귓전에서 앵앵하는 모기 때문에 잠을 설쳤다. 내내 말뚝잠으로 눈을 붙인 둥 만 둥 하다가 새벽을 맞았다. 배가 좀 거시기해 잠자리에서 일어난 나는 비쓱거리며 화장실로 향했다. 문밖의 스위치를 올려 불을 밝혔다. 막 변기에 앉아 볼일을 보려는데 바로 눈앞에서 모기가 날아가는 게 아닌가. 아마 세면기 밑 음침한 구석에 숨어 있다가 인기척에 놀라 다른 은신처로 달아날 기회를 노렸으리라. 얼른 자리에서 일어나 화장실 문을 닫아버렸다. 밀폐된 공간에서 제까짓 것이 무슨 수로 탈출할 수 있겠는가. 화장실 안을 떠돌다 결국 마주치는 내 손뼉에 생을 마감했다.

고 녀석을 손바닥 위에 얹어 놓고 가만히 내려다보았다. 앙갚음했다는 통쾌감과 함께 '내가 너무 했나?' 하는 생각이 들었다. 그놈도 살기 위해 부득이 귀찮게 굴었겠지만 설마 죽을 줄이야 생각이나 했겠는가.

한참 뒤, 모기가 하찮은 미물이라면 끝없이 넓고 큰 우주 속에서 나 또한 미물 같은 존재에 지나지 않겠구나 하는 생각에 이르렀다. 또한 우주 만물이 한 생명으로 통일되어 있지 않을까 상상해 보았다. 모기도 커다란 하나의 생명 공동체로서 나와 유기적으로 얽혀 살아가는 존재라는 깨달음을 얻었다. 이어서 모기도 한 생명인데 과연 내게 생명에 대한 존중심이 있었더라면 밤새 그런 소동을 벌였을까 자문해보았다. 그러나 그런 생각도 잠시 뿐이고 이내 모기가 증오스럽고 괘씸하다는 생각이 자리 잡았다.

어젯밤처럼 모기와 새벽 전쟁을 치른 게 한두 번이 아니다. 이즈음 우리 아파트의 모기들은 형세가 다르다. 기후 온난화에 따른 기상이변으로 제철을 잊었는지 처서가 지나도 입이 비뚤어지기는커녕 한겨울에도 나타나 사람들을 귀찮게 한다. 주변의 하수구나 정화조에서 숨어 있다가 사람 옷에 묻어 승강기를 타고 층수와 관계없이 어디든 따라다닌다. 제아무리 집안을 소독해도 외부 침입로를 차단하지 않으면 말짱 헛일이다. 방충망에 작은 구멍만 하나 있어도 파고든다. 밤이면 나와 습격한다. 무슨 레이다 장치라도 있는지 순식간에 정확한 급소를 노린다. 실핏줄 흐르는 곳에 침을 꽂아 피를 빨아 먹는 능력은 마치 정밀 폭격기 같다.

요즘같이 무더위가 한창일 때쯤이면 극성을 부린다. 며칠 전 일이다. 가족과 함께 식당에 가서 주문한 음식을 먹으며 이야기꽃을 피우고 있는데 느닷없이 짝짝거리는 소리가 들려왔다. 고개를 돌려 보니 주인집 아가씨가 게릴라처럼 숨어들어온 모기 몇 마리를 발견하고 소탕전을 벌이는 모양이다. 그녀의 종아리를 보니 모기에 물려 가렵다고 긁은 자국이 선명하다. 어쩌면 통통하고 연한 살결을 그리 분별하여 공격했을까?

이처럼 모기는 단순히 잠을 설치게 하거나 가려움증을 유발할 뿐만 아니라, 세계보건기구의 통계에 의하면 매년 백만 명이 넘게 생명을 앗아가는 학질을 옮긴다고 한다. 그야말로 죽음을 부르는 존재다. 모기가 인류의 적이라는 말은 결코 과언이 아니다. 나도 어렸을 때 모기에 물려 학질을 여러 번 앓았다. 오뉴월에 핫이불을 뒤집어써도 오한이 나고 고열로 몸을 부들부들 떨기 시작하면 어머니가 금계랍이라는 약을 먹으라고 주셨다. 그 약은 너무 쓰고 역해서 한 번에 삼키기가 어려웠다. 그러면 미역 가닥에 싸서 주시기도 하고 약 먹은 다음에 사카린으로 만든 당원을 물에 풀어 수저로 입에 떠 넣어 주셨다.

한여름 밤에 마당에 멍석을 깔고 앉아 모깃불을 놓던 추억이 아련하다. 엄마 무릎을 베고 누워 별을 헤아리던 밤에도 이 녀석들은 부채질 틈새를 타고 침투했다. 모기와 인간, 누가 승자로 남을 것인가? 이길 수 없을 것 같은 모기와의 전쟁은 끝나지 않고 진행 중이다. 이 여름이 더 덥고 길어질 것 같다.

# 용서로 얻는 마음의 평화

다정한 친구와 봄기운이 가득 휘감고 도는 내장산 산책로를 걷다가 우연히 한 글귀를 만났다.

"나를 욕했다. 나를 때렸다. 나를 이겼다. 내 것을 훔쳤다. 이러한 생각을 품은 이에겐 원한이 가라앉지 않으리라."

담아 둘 만한 법구경이었다. 이 말은 인생을 매 순간 어떠한 마음의 자세로 살아야 할 것인가 성찰해 볼 수 있는 실마리로 삼을 만했다.

살다 보니 어떤 사람이 제일 밉더냐고 친구에게 물었다. 뱀의 혀끝처럼 간교하게 이간질 잘하는 사람이 미워도 징그럽게 밉더라고 대답했다. 그 말끝에 나는 오기를 잘 부리는 사람이 밉게 보이더라고 말했다. 이야기는 자연스럽게 미운 사람 용서하는 말거리로 번졌다.

나는 작년 3월 여수 애양원에 있는 손양원 목사 기념관을 찾아가 보았던 이야기를 꺼냈다. 두 아들을 죽인 원수를 용서하고 양자로 삼음으로써 사랑 그 자체의 삶을 보여준 그분을 생각하며 가슴이 뭉클했던 경험을 들려주었다. 친구는 성자聖者가 아닌 이상 남을 용서하고 사랑하는 일이 얼마나 힘들고 어려운 일인지 모른다고 고백하면서 하찮은 일에 불끈하는 못된 성질로 말미암아 다투는 일이 많았던 과거를 털어놓았다. 그리고 나이 먹은 지금도 가령 웬 젊은 놈이 손가락을 까닥까닥하면서

"야! 이리 와!"

하면 속된 말로 머리 뚜껑이 열릴 거라고 덧붙였다. 내 과거를 들춰 보아도 급한 성격 때문에 실수로 다른 사람에게 피해를 주는 경우가 빈번했다. 그럴 때마다 대개 나는 용서를 빌었고 용서를 받고 싶어 했다. 그럼에도 불구하고 내게는 용서받지 못한 허물이 꽤 있는 것 같다.

얼마 전, 20여 년 넘게 우의를 다져왔던 지인과 만났을 때의 일이다. 반갑게 이야기보따리를 풀고 있는데 뜻밖에 18년 전 허물을 꺼내며 원망했다. 저지른 잘못은 그 어떤 이유로도 변명할 수 없다고 생각하고 다시 한번 사과했다. 하지만 까마득하게 잊었던 일로 원망을 듣고 보니 뒤통수를 맞는 기분이 들었다. 그동안 쌓았던 다정함이 와르르 무너지는 걸 막을 수 없었다.

연약한 인간으로서 우리에게 죄지은 자를 용서하기란 여간 어려운 게 아니다. 피해를 준 사람을 응징하고 그가 잘못되기를 바라는 마음은 어쩌면 인지상정人之常情일 것이다.

용서의 미덕과 복수의 당위성! 과연 용서가 악을 이길 수 있을까?

용서받기 위해서 어떠한 자세로 사죄를 구해야 옳을까? 잘못한 사람에게 벌을 내리지 않으면 그것이 진정한 정의 실현이라고 할 수 있는가?

50년간 1,100명이 넘는 나치 전범을 찾아 기소해서 '최후의 나치 사냥꾼'이라는 별명을 얻었던 사이먼 비젠탈은 생전에 이런 말을 했다.

"가해자의 참회 없이 피해자의 용서가 가능한가?"

최근 국내외의 문서와 증언을 통해 전쟁 범죄행위가 밝혀지고 있음에도 불구하고 일본 정부는 책임 있는 변화가 없다. 마치 때린 놈은 편히 발 뻗고 자고 맞은 사람은 잠 못 이루는 격이다. 만일 아시아에도 비젠탈처럼 집요하게 위안부 강제동원, 731부대의 세균전, 난징대학살 등에 관한 '일제 전범 사냥꾼'이 있었다면 상황은 달라졌을 것이다. 우리는 과거를 바꿀 순 없으나, 사죄할 때 용서해주는 정신적 힘으로 원하는 미래를 열어 갈 수 있다.

어릴 적 이야기가 생각난다. 6 · 25 당시 선친은 아랫마을 어떤 사람에게 무고를 당하여 빨치산에게 지리산 골짜기까지 끌려가서 돌아가실 뻔했다고 한다. 도대체 누가 그렇게 죽이려고 모함했는지 여쭈어보니

"물려줄 것이 없어 원수 갚는 일을 자식에게 물려주겠느냐?"

하시며 가르쳐주지 않으셨다. 이후 여러 번 누구인지 알고자 했어도 끝내 말씀을 하지 않으셨다. 어떤 의미에서 용서의 본보기를 보여 주신 것 같다.

용서는 감정의 문제인 것 같다. 내 잘못을 알면서도 사죄하지 못한 데는 감정 대립이 가장 컸다. 화와 분노, 아픔을 경험하고 상처를 입고 나면 불끈불끈 올라오는 감정들을 내려놓기가 쉽지 않았다. 이제는 정리하고 화해하고 용서하자고 다짐할지라도 감정은 손바닥 뒤집듯 쉽게 바뀌는 것은 아니다.

링컨 대통령은 자신만의 방법으로 분노와 증오를 극복했다고 한다. 자기의 명령에 불복종하는 장관들 때문에 좌절과 분노를 느끼면 그 사람들 앞으로 온갖 욕설과 비난을 퍼붓는 편지를 쓰곤 했다. 그리고는 편지를 부치기 직전에 갈기갈기 찢어 쓰레기통에 버림으로써 자신을 괴롭히는 부정적인 감정을 털어 냈다고 한다.

"세월이 약"이란 말이 있듯 나의 경우도 대개 시간의 흐름에 따라 가슴속에 맺혔던 응어리가 풀어졌다. 마음속의 앙금도 마찬가지였다. 하지만 세월에 의지하기엔 너무 깊은 상처도 있었다. 이런 상태에서는 상처를 준 그 사람을 위한 용서라면 어려울지도 모른다. 하지만 나 자신을 위한 용서로 인해 마음의 평화를 찾아갈 수 있다면 용서는 현명한 선택이 될 수 있을 것 같다.

들은 바로는 많은 경우 복수를 해도 이미 입은 피해가 복원되지 않을뿐더러 복수 뒤에 더욱더 큰 허탈함이 밀려들 수도 있다고 한다. 남을 미워하면 할수록 스트레스가 쌓이고 오래가면 심장병, 위궤양, 고혈압 등의 신체적 질환을 일으키기도 하고 불면증이나 신경증, 우울증 등의 심리적 증상이 나타난다고 한다. 어쨌든 미워하는 마음이 계속 올라오면 결국 지치는 것은 본인이다. 그러므로 사람을 미워하는 괴로움에서 벗어나려면 용서해야 한다. 용서하는 것이 안 되면, 억지라도 분노를 삭이고 그 악을 잊어야 한다. 용서하지 않는 핑계가 무엇이든지 그저 자신만 아플 뿐이다.

용서하기! 말이 그렇지 어디 그리 쉬운 일이겠는가. 아무리 생각해 보아도 논리와 합리의 법칙을 넘어선 초이성적인 명제인 것 같다. 문득 "우리가 우리에게 죄지은 자를 사하여 준 것 같이 우리 죄를 사하여 주시옵고…."라는 기도가 떠오른다.

# 따뜻한 밥상머리

정읍 연지동 순댓집에서의 일이다. 지난 토요일 점심때, 혼자 사시는 선배를 모시고 5천 원짜리 순댓국과 '정우막걸리' 한 주전자를 먹다가 우연히 할머니와 40대 젊은 아들의 식사 모습을 지켜보았다.

그들은 8천 원짜리 모둠 순대 한 접시와 순댓국 두 그릇을 시켜 먹고 있었다. 할머니는

"왜 이렇게 많이 시켰냐? 다 못 먹는다. 못 먹어."

"많이 드세요. 더 좀 드세요."

하면서 자꾸 돼지 막창을 어머니 수저에 얹어 드리곤 하였다. 그 모습이 정겨워 보여 아들에게 물어보니 어머니는 아픈 데가 많아 병원에 입원하고 계신다고 했다. 자기는 전주에 살고 있는데 직장에 다니느라 틈을 내기 어려워 쉬는 주말이 되면 어머니를 만나러 온다는 것이었다.

나는 그 이야기를 듣고

"두 분 참 보기 좋습니다. 초면이지만 제가 계산해도 좋을까요?"

양해를 구하고 기꺼이 옆자리 식사비까지 계산했다. 고맙다는 말과 함께 나가는 그들의 뒷모습을 보며 '요즘 보기 드문 천연기념물'을 만난듯하여 흐뭇한 미소를 지었다.

한 후배의 장모님 초상 소식을 듣고 같은 날 오후 한서요양병원 장례식장으로 갔다. 조문객들과 이야기를 나누다가 점심때 있었던 일을 말했더니 옆에서 한 사람이 끼어들었다. 그는 이 병원에 입원한 할머니 한 분을 알고 있는데 그 할머니는 자식이 돈만 내주고 석 달에 한 번 정도 만나러 온다고 했다. 그 말에 대뜸,

"그런 자식이 잘못인가요? 아니면 할머니가 잘못인가요?"

물음을 던져 보았다. 좌중의 많은 사람이 자식의 불효를 지적하였고 일부는 요즘 세태에 그 정도로 찾아올 만해도 효도하는 편이라고 자식을 두둔하였다. 여러 말끝에 나는 그런 자식으로 키운 할머니 탓이 크다고 했다.

의아스러운 표정을 짓는 그들에게 교육은 학교에서 이루어지는 학습에만 국한된 것이 아닌데도 그 할머니는 자식을 기를 때 밥상머리 교육 같은 비공식적 상호작용의 과정을 소홀히 했기 때문이라고 지적하였다. 요즈음 공부 공부, 학원 학원, 대학 대학 하면서 오로지 좋은 학교에 보내기 위하여 학력에만 치중하고, 조상 전래의 효孝를 중시하는 인성교육을 소홀히 한 탓이 크다고 설명했다.

내 말을 듣던 어느 친지는 찬성하여 말하기를

"나는 요즘 공경하고 순종하며 잘 섬겨주는 자식들이 있어 행복하다."

하며 흐뭇해했다. 어쩌면 그렇게 자식들이 바르게 성장했는지 알아보니, 어릴 적부터 가족이 함께 모여 식사를 하면서 수저 바르게 사용하기와 식사예절을 실천하도록 했고 올바른 생각과 제대로 된 삶의 자세를 갖도록 본을 보여주며 교육했다고 한다. 교육의 틀이 무너졌다고 많은 사람이 걱정하고 있는 요즈음, 우리 조상이 해온 밥상머리 가정교육의 맥을 찾은 것 같아 신선한 감동을 금할 수 없었다.

찾아오지 않는 자식보다 개가 낫다는 이야기가 있다. 《좋은 생각》 지난 호에 어느 할머니가 떠돌이 개 세 마리를 키우는데, 자식들보다 이 녀석들 때문에 심심하지도 외롭지도 않다는 내용이 있었다. 그 할머니의 자식 한 녀석은 미국에 가서 소식이 없고, 다른 녀석은 돈 번다고 집을 나가서 아직 감감무소식인데, 그렇게 오지 않는 자식들을 기다리다 지쳐서 길에서 하나둘 주어 기른 강아지가 세 마리라는 것이다.

자식들에게 소외당하여 외로움이란 생채기를 안고 사는 우리네 할아버지 할머니들이 어디 한둘이겠는가? 자식보다 개가 좋다는 사람들이 많아질까 염려될 뿐이다.

요즈음 70대를 청노인靑老人이라고 부른다고 한다. 청년 같은 노인이라는 의미다. 얼마 전 70대 선배를 만나 근황을 물었더니 정읍 노인회에 들어가 외로움과 심심함을 달래며 지낸다고 하셨다. 그런데 뜬금없이 노인정에 나가 어울리기 어려운 세상이 되었다고 하소연하셨다. 노인정에 갔더니 나이 든 동네 형들이 심부름을 시켜 가기 싫다는 것이었다. 제일 막내라고 청소를 시키거나 술, 담배, 라면을 사 오라는 심부름 때문에 귀찮아 못 나가겠다는 것이었다.

노후 대책 없이 오래 살까 봐 걱정되는 세상이다. 지난달 26일 목요일 KBS 1TV 〈아침마당〉 이야기가 생각난다. 이날 특강에 의하면, 어느 요양병원에 93세의 뇌졸중 할머니가 입원했는데 병구완하는 70세의 딸이 죽을 떠먹이면서 "죽어, 죽어, 제발 죽어."라고 말하며 눈물을 흘리더란다. 그 이유를 알아본즉 자기 위로 75세, 73세 두 언니가 있으나 모두 몸이 편찮아서 막내인 자기가 엄마의 병시중을 하고 있는데 엄마를 집으로 모시고 싶어도 자신도 자식들의 눈치를 보고 사는 처지라는 것이다. 그나마 병원비 분담 문제로 언니들과 다투어 서로 등을 돌리게 되었고 치료비는 댈 길이 없어 그렇게 엄마더러 어서 죽으라고 푸념했다는 것이다.

남의 이야기가 아니었다. 자식들에게 의지하며 살던 시대는 지났다. 의학이 발전하여 수명이 늘어나는 세상에 살고 있지만, 노인 문제는 갈수록 심각해지고 있다. 우리의 미래상은 어떻게 될지 걱정이다.

연지동 순댓집에서 본 따뜻한 밥상머리! 생각만 해도 기분이 좋아진다. 특별한 반찬이 아니라도 대가족 식구들이 함께 나누었던, 어렸을 적 살가웠던 밥상이 생각난다. 할머니 할아버지를 비롯하여 가족끼리 둘러앉아 오순도순 이야기꽃을 피우며 식사를 하는 모습은 상상만 해도 행복이란 바로 이런 게 아닐까 하는 생각이 든다. 하루 한

끼만이라도 할머니 할아버지를 모시고 가족이 밥상 앞에 둘러앉아 지혜와 관심을 나누고 사랑으로 연합하는 가정이 많아지면 좋겠다.

# 속 깊은 자식 사랑

지난주 화요일 S 선배로부터 점심이나 먹자는 연락을 받았다. 별 생각 없이 약속한 음식점에 들어가는데, 낯선 일가족이 현관에서 반갑게 맞이한다. 의아한 마음으로 식당에 들어서 보니 S 선배가 곱게 차려입고 중앙에 앉아 있다가 어서 오라며 반긴다. 무슨 일인지 싶다가 이내 짐작이 되었다. 선배의 팔순 생일에 모인 사람들이고 나를 맞이한 가족은 15년 전에 미국에 이민 갔던 선배의 아들 내외와 예쁜 두 손녀였다.

선배의 아들은 성대한 팔순 잔치를 해드릴 생각으로 큰맘 먹고 귀국하였지만, S 선배가 초대한 이에게 부담을 준다며 한사코 말렸다고 한다. 의논 끝에 가벼운 점심 한 끼로 축하의 마음을 나누기로 했다는 것이다.

50여 명의 손님과 선배의 가족이 음식을 맛있게 먹고 있는데, 정작 주인공인 S 선배는 아이들과 손님이 맛있게 먹는 모습만 흐뭇한 표정으로 바라보고 있었다. 어찌 같이 먹지 않느냐고 물으니 먹는 것만 봐도 배가 부르다며 인자한 얼굴로 미소만 짓고 있다. 선배의 마음엔 자신의 생일상을 다정한 사람들과 아들 가족이 함께 나누는 정경을 보며 마음 가득 행복이 차올랐을 것이다.

그 순간 S 선배의 흐뭇한 얼굴에 내 어머니의 모습이 겹쳐져 떠올랐다. 어릴 적 어느 날, 밖에서 놀다 허기져 돌아온 나에게 맛있는 밥상을 차려주신 어머니는 내가 먹는 모습을 말없이 지켜보고 계셨다. 허겁지겁 정신없이 먹다가 언뜻 고개를 들며 어머니는 왜 안 드시느냐고 물어보았다.

"난 밥하면서 이것저것 집어 먹었더니 배가 부르구나. 나는 너 먹는 것만 보아도 배불러…."라고 하셨다. "마른 논에 물이 들어가는 것과 자식 입에 밥 들어가는 것은 보고만 있어도 배가 부르다."라는 옛말처럼 어머니는 당신보다 자식인 내 입에 무엇이든 더 넣어주고 싶어 하셨다. 해마다 반복되는 보릿고개에 송기松肌를 벗겨 죽을 쑤고, 둑새풀 씨앗을 훑어 빈 입을 달래주던 이 땅의 어머니들은 자식과 남편에게는 꽁보리밥이라도 한 술 먹이기 위해 가는 허리를 자꾸만 졸라맸다. 그런 어머니의 희생을 딛고 자녀들이 공부할 수 있었고 오늘의 대한민국이 있을 수 있었다.

어떤 며느리가 남편에게 어머니가 좋아하시는 음식이 뭐냐고 물으니 우리 엄마는 고등어 대가리만 좋아하신다고 했더니, 며느리가 시장에 가서 고등어 대가리만 구해다 대접했다는 우스갯소리도 나왔다. 자식들은 그렇게 어머니를 모른다. 어머니는 안 먹어도 배부르고, 힘든 일도 잘하는 사람이고, 아픈 데도 없는 철인으로 알았다.

내 아내도 그런 희생이 몸에 배어 있다. 내가 고등어구이를 좋아하므로 가끔 아내가 구워 놓는다. 그때마다 몸통은 내게 다 준다. 내가 미안한 마음으로 같이 먹자고 하면 아내는 "생선은 머리 쪽이 맛있는 것도 모르느냐?"라며 대가리를 차지한다. 어두일미魚頭一味라는 말은 고등어에 해당하는 말이 아니다. 그런데도 자신이 머리를 차지하는 것이 당연하다고 여기는 아내, 그녀의 희생이 있었기에 내 가정이 지켜졌고 오늘도 내가 건강하게 수필을 쓸 수 있음을 안다. 마음속으로 외쳐 본다. "아내와 S 선배, 이 땅의 모든 어머니여! 진정 고맙습니다."

일주일 후 삼락회 사무실에서 S 선배를 만났다. 이틀 전에 아들과 며느리, 손녀들은 모두 미국으로 돌아갔다고 하시기에 허전하지 않냐고 물었다. 떠난 다음 날 아침에는 갑자기 세상이 적막하게 느껴지고 아무 일도 할 수 없었다고 했다. 금세 손녀들이 "할머니!" 하고 부르며 문을 열고 들어올 듯하고 말하고 웃고 떠들던 모든 모습이 눈에 밟혀 한동안 마음의 갈피를 잡을 수 없었단다.

그런 뒤 한참을 생각하다가 이내 "그립지만 외롭지는 않다. 외로우면 바보지."라고 말을 바꾸었다. 무슨 의미인지 의아한 마음으로 연유를 물어보니 아들이 미국에 도착한 후 이틀 만에 네 번이나 전화가 왔다고 한다. 언제나 변함없이 일주일이면 네댓 번씩 안부 전화를 걸어오니 바로 옆에 사는 것처럼 든든하단다. 국제 전화라서

요금이 많이 나올까 봐 전화 좀 줄이라고 말할 때마다

"엄마 목소리 들을 수 있어 얼마나 감사하고 행복한 일인지 몰라요. 전화 좀 하기로 무슨 대수겠어요? 별거 아니니 염려하지 마세요."라면서 전화를 걸어와 때로는 한밤중에 시간 가는 줄 모르고 웃고 떠들다 옆에서 자는 의자매가 깜짝깜짝 놀라 일어나기 일쑤였다고 한다.

S 선배는 그동안 아들네 뒷바라지를 하면서 집도 줄이고, 차도 사지 않고, 체면도 버렸다고 한다. 자식을 위해 모든 것을 다 내놓고 가벼운 배낭여행처럼 홀가분하게 살아가는 S 선배의 모습에는 지난 세월을 견뎌 온 이 나라 어머니들의 모든 것이 다 들어있다. 채움보다는 비움이 삶의 끝을 보람차고 아름답게 한다는 것도 가르치고 있다.

가족과 더불어 자신을 잘 조율해가는 여자, 어떤 상황에서도 그 속에 숨겨진 긍정적인 측면을 찾아 자기 것으로 삼을 줄 아는 여자, 그리고 볼 때마다 밝고 명랑해서 좋은 에너지를 전달하며 주위 사람들의 기분까지 좋아지게 하는 여자가 바로 S 선배다. 그녀를 보기만 해도 즐겁고 행복하다.

# 묵은해를 보내며

달랑 한 장 남은 달력에 적힌 몇 건의 송년회 일정들. 세월이 덧없이 흘러간다는 사실을 새삼스레 일깨운다. 올해도 너무 안이하게 산 것은 아닌가 하는 자책이 든다. 작년 이맘때에도 묵은해를 보내면서 새해에는 뭔가를 해보겠다고 다짐했던 기억이 난다. 올해 마지막 주말 다정한 친구들의 모임에서 새해가 되면 하고 싶은 일들이 무엇이냐고 물음을 던져 보았다. 옆 친구는 해외여행은 고사하고 국내 여행이라도 맘껏 다녀 보고 싶다고 대답하였다. 맞은편 친구는 아무 일에도 구애받지 않고 자유롭게 멋대로 살고 싶다고 응답했다. 다른 친구는 아들을 결혼시켜야겠다고 했다. 해마다 타성에 젖어 그다지 성과를 올리지 못했던 나로선 선뜻 말할 수 없었다.

작년에 한 취업포털이 직장인 542명을 대상으로 벌인 설문조사에 따르면 연초에 세운 목표 달성률이 평균 32.4%로 집계됐다. 목표를 이루지 못한 이유로는 게으름과 나태함(55.2%)이 가장 많았다.

부지런한 개미는 허리 끊어지게 일하다 과로사하고, 게으른 베짱이는 기타 치면서 노래하다 오디션 프로에 나가 한류스타 되었다는 현대판 개미와 베짱이의 이야기도 있지만 아무래도 게으름과 나태는 계획 성취에 걸림돌임이 틀림없다.

올해 생애 최고의 업적을 이룬 골프선수 박인비는 'LPGA 올해의 선수' 시상식장에서 이렇게 말했다. "올 초 내 목표는 간단했다. 지난해보다 행복해지자였다." 그는 기록 대신 행복을 '더 높은 목표'로 삼았기에 투어를 즐길 수 있었고 좋은 성적도 낼 수 있었다고 들려준다. 박 선수와 똑같지는 않더라도 누구나 저마다의 몫만큼 어려운 고비를 넘겼고 그 과정에서 나름대로 얻은 것도 있었을 것이다.

문화체육관광부의 '2013년 한국인의 의식 가치관' 조사를 따르면 더 좋은 사회가 되는 데 필요한 가치로 '타인에 대한 배려'를 가장 많이 꼽았다. 부족한 점이 무엇인가를 스스로 알고 있다는 것은 희망적이다. 새해에는 나 자신과 세상을 여유 있고 너그럽게 바라보며 주위를 배려하는 삶을 살아야겠다는 생각이 든다.

또, 새해에는 따뜻한 어버이 마음으로 사람과 자연을 보듬어 보고 싶다. 며칠 전 약초에 밝은 선배 한 분이 달여 먹으면 머리를 까마귀처럼 검게 해 준다는 하수오의 종자를 건네주시며 봄에 파종하여 보라고 권하셨다. 받아든 씨앗을 살피다가 문득 '일 년의 계획은 곡식을 심는 것만 한 것이 없다.'라는 《관자管子》에 나오는 글귀가 생각났다. 소박하면서도 잔잔한 물결처럼 조용히 한 걸음씩 나아가는 여유로운 삶을 실천해 볼 계획이다.

되돌릴 수 없는 일로 자신을 들볶기보다 열심히 살았던 날들을 떠올리며 새해에는 부족한 나를 탓하기보다 '괜찮다'고 자신을 스스로 보듬는 하루하루였으면 좋겠다. 오늘 그렇게 쉼표를 찍고 새날을 맞자.

# 세월 따라 달라진 세배

까치설날 아침이다. 양력 1월 1일 신정이 어제 같은데, 벌써 구정을 코앞에 두고 있다. 아니다. 구정이 아니라 설날이라고 해야 옳겠다.

시간이 빨라도 너무 빠르다. 하지만 이건 어디까지나 우리 어른들의 생각일 뿐이다. 마냥 즐거운 우리 아이들의 시계는 하루가 길기만 하다. 1년 단 한 번의 설날이 얼른 오기를 기다리는 마음은 한층 더 지루하리라.

설날의 또 다른 주인공은 역시 '세뱃돈'이다. 할아버지 할머니가 괴춤 속에 꼬깃꼬깃 넣어뒀던 돈을 꺼내 줄 때 아이들은 한껏 달떴다. 우리 집 아이들도 세뱃돈 받을 생각에 설레며 '올해는 얼마나 받을 수 있을까? 세뱃돈 받으면 뭐 하지?' 기대감에 부풀어 있을 것이다.

나는 세뱃돈을 줘야 할 처지이다. 주고 싶은 대상이 많다 보니 은근히 신경이 쓰이지 않을 수 없다. 남들은 세뱃돈 지출에 보통 얼마나 쓸까? 얼마가 적정한 세뱃돈일까? 언제까지 줘야 하나? 스스로 묻다가 은행에 가서 수십만 원을 찾았다. 옛날에는 설빔과 음식 장만에 들어갈 비용이 주된 걱정거리였으니, 금석지감이 든다.

돌이켜보면 어린 시절 세뱃돈을 받아 본 적이 거의 없다. 설날이나 정초에 이웃 어른들은 물론 형제자매나 동년배끼리도 세배했다. 가난한 산골 마을에서 자라서 그런지 세뱃돈을 받았다고 자랑하는 동무들도 보지 못했다. 세배하러 다니며 음식을 배부르게 얻어먹었던 기억만 남아 있다. 온 동네 어른들을 다 찾아가 세배를 마치려면 하루도 모자라기 일쑤였다.

또한 일가친지가 아니어도 동네 어른들이나 선배를 찾아다니며 세배를 하는 것이 오랜 풍습이었다. 세배에 얽힌 한 이야기를 옮겨 본다.

정월 초에 어느 중노인이 이웃에 사는 상노인에게 세배하러 갔다.

"함께 늙어가는 처지에 세배는 무슨 세배? 그냥 앉게 고만."

하고 상노인이 만류했다. 그래도 중노인이 세배하려고 하자,

"그만 됐네, 이렇게 보면 되지, 새삼스럽게 세배는 무슨?"

하고 그냥 앉으라고 권했다. 중노인은 못 이기는 척하고 세배를 하지 않은 채 자리에 앉았다. 그러자 상노인이 버럭 화를 내며

"이 사람아, 세배하러 온 것은 자네 도리이고 앉으라고 한 것은 내가 할 도리인데, 내가 그만두라고 한다고 그냥 앉는 법이 어디 있어? 자네가 할 도리는 자네가 해야지."

하며 꾸짖었다고 한다.

어릴 적 기억을 더듬어 보면 음력으로 섣달그믐날이 되면 문중 어른들께 그동안 무사히 잘 보냈다는 것을 알리는 한 해의 마지막 세배, 즉 묵은세배를 드리는 풍습이 있었다. 새해 전날 밤에 드리니 '이른 세배'의 성격도 있겠지만, 묵은세배는 설날 세배와 달리 어머니나 아주머니는 잘 참여하지 않았다. 주로 아버지 세대가 조부모 세대 뻘 되는 먼 친척 어른들을 찾아 세배를 드린 뒤에 집으로 돌아와서 마지막으로 자기 집 어른들께 드렸다.

묵은세배는 세뱃돈이 없다. 행여 세뱃돈을 받을 생각을 해서는 안 된다. 오히려 할아버지와 할머니에게 세배를 드리고 용돈을 넣은 봉투를 드려야 한다. 다음날 손자 손녀들에게 줄 세뱃돈을 아버지가 챙겨 드리는 것이다. 생각할수록 이러한 조상들의 배려와 숨은 지혜가 존경스럽다.

최근에는 연말의 맨 끝 의례인 묵은세배 풍속이 거의 사라졌다. 연초 맨 처음 의례인 세배만 있을 따름이다. 송년회는 잘 챙기며 묵은세배는 잊어버리고 있는 것이 현실이다. 시대가 바뀌어 의식주는 넉넉해졌으나 먹고살기에 더 분주하여 예의를 차릴 여유가 부족해지고 있다.

웃어른께 세배하고 나면, 자식에게 세배받기 전에 먼저 부부가 맞세배를 해야 한다. 그런데 나는 이날 이때까지 한 번도 해 본 적이 없다. 하지만 참 의미 깊은 세배라는 생각이 든다. 올해 한번 시도해 보아야겠다. 어색하고 쑥스럽겠지만 계속 실천하다 보면 멋쩍은 마음도 줄고 부부간의 정의情誼도 필시 두터워질 것 같다.

하루를 인사로 시작해서 인사로 마무리하는 우리 민족은 예의를 잘 아는 민족이다. 그래서 동방예의지국이라고 한 것이다. 아침에 일어나서 어른들께 인사하고 하루를 보내며 잘 때도 인사를 한다. 학교에서나 직장에서 친구들과 동료들을 처음 만날 때 서로 인사하고 헤어질 때도 인사를 한다. 이처럼 모든 인사예절은 처음과 끝이 짝을 이루고 있다. 이런 점에서 연중 짝을 이루는 묵은세배와 설 세배를 재조명하여 살려보는 것도 그 의미가 자못 크다고 하겠다.

이번 설에는 아이들의 세뱃돈을 올려 주어야겠다. 더불어, 잊혀가는 좋은 세배 풍속에 관해 알려 주어야겠다. 주어지는 여건 안에서 다가올 섣달그믐날부터는 묵은세배를 시도해 볼 요량이다. 내일이면 어른들께 세배하고, 아이들의 세배를 받으며 모두가 나이를 먹을 것이다. 나도 나이를 한 살 먹으면 나잇값을 더 잘해야겠다.

# 쉼표를 찍다

하루하루 쌓이고 뒤섞인 일들로 어떻게 해야 할지 갈피를 못 잡고 마음이 무거워질 때쯤이면 어디론가 훌쩍 떠나고 싶다. 그럴 때면 나는 뒷동산의 우거진 숲길을 거닌다. 호젓한 수풀 속에서 온몸으로 숲 기운을 쐬면 기분은 한결 맑아진다.

어느새 더위가 한풀 꺾이고 선선해지는 구월이 다가오니 왠지 가슴이 설렌다. 마음도 들떠서 일이 손에 잡히지 않는다. 이번에는 편백 숲으로 유명한 장성 축령산을 찾아가 어수선한 생각을 비우고 올 심산으로 집을 나섰다. 차창 밖으로 보이는 가로수 잎사귀들 위로 부서지는 햇살에 눈이 부셨다. 멀리 보이는 아기자기한 산들이 아늑하고 포근해 보였다.

축령산도 멀리서 보면 평범해 보이지만 가까이 다가갈수록 마치 유럽풍의 잘 조림된 침엽수림 지대를 연상시켰다. 삼림욕을 하기에 좋은 숲임을 금방 알 수 있었다.

추암마을에 차를 세우고 길을 따라 오르니 상수리, 졸참나무, 떡갈나무 들이 넉넉한 그늘을 드리우고 침묵으로 맞아주는데, 골짜기 물은 재잘재잘 수다를 떨며 내려간다. 나무 그늘을 머리에 이고 올라가는 사람들의 뒷모습이 한가롭다. 소박한 삶의 여유로움이 보였다. 아마도 저들 가운데 더러는 나처럼 바쁜 일상의 쉼표를 찍고 몸과 마음을 추스르고 싶어 온 이들도 있으리라.

서두르지 않고 느릿느릿 거북이걸음으로 오르는데도 숨은 가빠지고 땀이 끈적거렸다. 등 뒤로 불어오는 골바람이 발걸음을 조금 가볍게 해 주었다. 가던 길 잠깐 멈추고 뒤돌아서니 풋풋한 숲 냄새가 솔솔 코로 스며들어왔다. 가슴이 트이고 머리가 맑아졌다. 바람결에 하늘하늘 춤추는 잎사귀들의 춤사위를 보노라면 어느덧 근심 걱정도 말끔히 사라졌다.

잠깐 쉬려고 물가의 바위에 잠시 걸터앉았다. 양말을 벗고 발을 담그니 물결은 맨발을 간질이듯 어루만져 주고 달아났다. 시원한 기운이 온몸으로 올라왔다. 오래간만의 일이다. 잔물결을 반짝이며 흘러가는 물을 바라보고 있으니 순간마다 새로운 물이다.

생각을 멈추고 조용히 물소리를 들어 보았다. 생명의 소리, 존재의 소리, 끊임없는 생성의 소리였다. 이 물이 이르는 곳마다 죽었던 생명이 살아나고, 철 따라 푸르고 붉은빛을 피워내며 결실을 거두어들이는 나무가 있을 것이다.

능선을 비스듬히 가로지르는 임도林道로 들어서니 물소리는 잦아들고 울울창창한 숲이 하늘을 가리고 있었다. 참빗처럼 가지런히 자란 빽빽한 침엽수림이 비 온 뒤 맑게 갠 하늘의 청량감을 주었다. 햇빛이 비치는 방향과 바람결에 따라 연두와 초록이 여러 가지 다른 색깔로 보이는 게 신비로웠다.

한참을 더 올라가니 관리사무소가 나오고 여러 가지 체험 시설과 기념비가 있었다. 비문을 읽어 보니 춘원 임종국 씨가 1956년부터 21년간 정성 들여 조성한 숲이라고 한다. 숲에서 그분의 목소리가 들리는 것 같았다. '조상이 나무를 심으면 후손이 그늘을 즐길 수 있다.'는 말이 실감났다. 이 시간 이곳에서 즐기는 행복, 그만큼 그분에게 빚을 지고 있다는 느낌이 들었다.

어린 시절에 놀던 뒷동산이 문득 떠오른다. 지금은 우거진 숲이지만 6 · 25 전쟁으로 파괴되고 땔감 벌목으로 한때는 벌거숭이산이었다. 오십여 년 전 동네 형들을 졸래졸래 따라다니며 사방조림용으로 오리나무, 아까시나무, 리기다소나무들을 심었던 기억이 새롭다. 품삯으로 밀가루를 타다가 빵과 수제비를 만들어 먹었던 추억이 세월을 거슬러 달려온다.

살랑살랑 불어오는 바람에 땀을 식히며 계곡 길을 따라 내려가니 안내판이 서 있다. 쉬엄쉬엄 걷는 길이라 잠깐 멈추고 살펴보았다. 보통 한 사람이 1년간 내뿜는 0.36 톤의 이산화탄소를 흡수하려면 100그루의 나무를 심어야 하고, 승용차 한 대의 이산화탄소 배출량을 흡수하기 위해서는 최소한 1,000그루를 심어야 한다고 한다. 자주 승용차를 몰고 다니는 나는 과연 얼마나 나무를 심고 가꾸었는지 헤아려 보았다. 환경론을 말하기에 부끄러울 따름이다.

숲 내음 길로 접어드니 피톤치드 냄새가 솔솔 풍겼다. 어쩜 이리 상큼할까. 시원한 기운이 감돌았다. 여흘여흘 흐르는 개울이 반겼다. 다가가 손을 씻고 세수를 하니 한결 유쾌해졌다. 답답한 가슴이 어느새 개운해졌다. 덩달아 마음도 새털처럼 가벼워졌다. 산림 치유의 참맛을 알 수 있겠다.

숲속 우물터에 이르러 아담하게 지은 정자의 마루에 자리를 폈다. 새소리 물소리 풀벌레 소리가 잠잠했다. 짙푸르게 물든 숲을 우두커니 바라보니 나무들 사이로 살짝 들어온 햇살이 볼을 만져주었다. 잡념이 숲속으로 숨어 버린다. 원시 본연의 상태에 자연스레 잠긴다. 평온한 마음이 찾아온다.

숲은 일체의 생명을 받아들인다. 아무도 내치지 않는다. 누구는 와도 되고 누구는 오면 안 된다고 차별하지도 않는다. 찾아오기만 하면 자신의 전부를 아낌없이 내어준다. 가진 것 다 내어주고도 더 못 주어 아쉬워하는 부모님 같다. 아무런 대가도 바라지 않는다.

반나절을 쉬었다. 가라앉아 고요해진 마음을 챙겨 일어났다. 뉘엿뉘엿 해가 서산마루에 한 뼘 남짓 걸려 있을 무렵 머뭇대는 마음을 재촉하여 집으로 향했다. 가져다준 것 없이 신세만 지고 가는 기분이었다.

숲은 언제나 넉넉하고 포근했다. 아쉬움을 남겨두고 왔지만, 근심 걱정에 젖어 찾아올 때마다 항상 말없이 안아 주고 다독여주었다. 물과 새와 바람 소리가 있는 곳, 숲에 가면 마음이 열리고 숨이 터진다.

# 6

# 세월이 가서 아름다운 것들

# 동행이 있어 더 행복한 인생길

이제 산책은 내 삶의 일부가 되고 있다. 새해 초이튿날, 30년 전부터 다정히 지내는 K 형과 함께 여느 때처럼 바람 쐬러 길을 나섰다. 내 인생길에 K 형은 힘들 때 서로 기댈 수 있고, 어려울 때 힘이 되는 친구 같은 의형이다. 평소에는 같이 정읍 천변 마실길로 다녔지만, 정초를 맞아 모처럼 내 고향 뒷산 칠보산으로 발걸음을 인도하였다.

정읍시 북면에 있는 칠보산은 내게는 꿈에도 가끔 보이는 엄마 품 같은 산이다. 골짜기마다 조상들의 전설을 간직하고 있다. 사방으로 뻗어 내린 크고 작은 산줄기 때문에 높지는 않으나 여러 갈래의 골이 깊어 자칫 길을 잃기 쉽다. 그래서 그런지 예부터 피난골로 알려졌다. 산등성이와 골짜기는 칠보임학七寶林壑이라 하여 수려할 뿐만 아니라 깊어서 동학혁명 때는 농민군들이, 임진왜란 때는 주민들이 피난했던 곳이다.

마을 어귀에 이르렀다. 어린 시절 동네 형들을 졸래졸래 따라다니며 사방조림용으로 심었던 미루나무, 아까시나무들이 울창한 숲을 이루었다. 저만치 하얀 분칠로 단장한 미루나무 숲 한가운데 고사한 큰 소나무 한 그루가 껍질을 벌거벗은 채 알몸으로 떨고 있었다. 보기에 딱하여 달려가 차라리 밑동을 베어 편히 쉬게 해주고 싶은 충동이 일었다.

외래종 활엽수들이 판치고 있는 야산이 어디 이곳뿐이겠는가? 8 · 15 광복 뒤 갑자기 밀어닥친 외래문화의 홍수로 우리나라의 아름다운 고유의 정서가 쫓겨나고 있다.

싸드락싸드락 넉넉하게 걷는 산길의 여유로움으로 중턱에 이르니, 오륙십 년 전에는 팔뚝만 해 보였던 소나무들이 이제는 제법 아름드리가 되어 반겨주고 있었다. 쉬엄쉬엄 더 올라가 보니 모양이나 크기가 저마다 따로따로인 나무들이 어깨를 비비면서 숲을 이루고 정답게 살고 있었다. 옹기종기 모여 사이좋게 살던 어릴 적 생활이 떠올랐다. 마음이 엄마 품속에 안기듯 포근해졌다. K 형도 어린 시절 고향 마을의 소나무 숲 골짝에서 노닐던 추억담을 들려주었다.

도란도란 이야기꽃을 피우며 며칠 전 쌓인 눈길을 따라 조심조심 올라가니 뽀드득뽀드득 눈 밟히는 소리가 따라왔다. 참으로 오랜만에 들어 보는 발걸음 소리였다. 잊고 지내다가 우연히 기억 속으로 찾아온 추억 같아 반가웠다. 낭만적 생각이 번쩍 스쳤다. K 형더러 길옆 하얀 양탄자 같은 눈 위로 큰 대大 자로 누워 보라 했다. 여러 가지 자세를 바꿔가며 스마트폰 카메라로 여러 장의 사진을 찍었다. 우리는 어린애들처럼 깔깔거리며 웃었다.

인생길에 동행하는 이웃이 있다는 것은 참으로 행복한 일이다. 힘들 때 서로 기댈 수 있고, 어려울 때 힘이 될 수 있는 K 형은 내게는 친형제와 같다. 그러나 겨울의 매콤 쌉쌀한 날씨 같을 때도 있다. 간혹 하찮은 일로 어린애같이 잘 다툰다. 오고 가는 언성이 높아지고 다시는 만나지 않을 듯 토라질 때도 있다. 하지만 언제 그랬냐는 듯이 시치미를 떼고 다시 만나 찰떡처럼 지낸다.

산자락을 벗어나 오르막길로 들어섰다. 사춘기 시절 도시 갈피를 잡을 수 없었을 때 올라갔던 연수봉으로 방향을 정해 길을 재촉했다. 울울창창한 솔숲이 하늘을 가리며 반겨주었다. 잠깐 길가의 바위에 걸터앉아 잠시 숨을 골랐다. 솔 냄새가 은은한 향으로 다가와 또르르 콧등을 타고 가슴 한구석으로 흘러들었다. 그리운 얼굴들이 하나하나 모여 솔숲 바람을 타고 귓전을 감돌며 속삭이는 듯했다.

솔잎에서 내뿜는 향기를 들이마셔서 그런 것일까? 옆에 앉은 K 형은 아무런 내색이 없다. 아마 같은 길을 가도 서로 다른 생각을 하고 있으려니 싶다.

주위를 둘러보니 솔가리로 뒤덮인 양지바른 산비탈에는 춘란이 지천이었다. 지금은 별로이나 널려 있는 칠보산 춘란도 해가 갈수록 줄어들고 있다. 전국에서 몰려온 난꾼들이 마구 채취하는 바람에 이곳 춘란 역시 남아날 리가 없다. 이런 난 애호가들에게는 지란지교芝蘭之交가 있을 리 만무하다.

한참을 올라가다 보니 눈길에 멧돼지 발자국들이 어지럽게 널려 있었다. 겁이 덜컥 났다. 게다가 연수봉에 오르는 길은 눈이 녹지 않아 여간 조심스럽지 않았다. 예전의 연수봉 등정 경험에 의하면 알고도 속고 모르고도 속으면서 사는 인생 역정을 닮았다. 정상인가 싶으면 정상은 그 너머 산봉우리를 두어 개 넘어가야 했다.

우리네 인생도 오르막길을 가다가 뜻하지 않게 어려운 고비를 만날 때가 있다. 다른 때 같으면 내친김에 푯대로 삼은 연수봉까지 강행했을 텐데 모험을 무릅쓰는 나이가 지났기에 물러설 수밖에 없었다. 한 조각 아쉬움은 남았지만 화려한 복사꽃이 흐드러지게 피는 4월을 기약하고 하산하기 시작했다.

이윽고 어둑어둑해지고 해가 산 너머로 기울었다. 어디선가 봄날이 아닌데도 난데없이 장끼 우는 소리가 났다. 멀리 뒤에서 꿩꿩 장서방이 잘 가라고 전송하는 소리인 것 같았다. 서둘러 숲길을 빠져나와 집으로 돌아왔다.

인생길에 동행이 있다는 것은 얼마나 행복한 일인가. “세상 끝 날까지 너희와 항상 함께 있으리라(마 28:20).” 약속하신 말씀을 묵상해 보았다. 지기지우 K 형과의 따뜻한 동행만으로도 행복한 하루였다.

# 고향의 주홍빛 감나무

가을이 깊어 가고 있다. 오늘따라 고향 동산이 눈앞에 선하다. 이 무렵 고향 마을은 온통 주홍빛으로 물든다. 50여 가구의 아담한 농가마다 키 낮은 돌담을 두르고 있고 집집의 울안에는 감나무가 지천이다. 잎이 떨어지고 붉은 열매만 가득 달린 감나무를 보면 더할 나위 없이 아름답다. 가지마다 주먹만 한 황금색 열매를 탐스럽게 끌어안고 있는 모습을 보면 정겹다. 고샅길 여기저기에 떨어진 발그레한 홍시를 보는 것만으로도 가을의 정취가 물씬 풍긴다.

마음이 먼저 고향으로 달려갔다. 자리에서 일어섰다. 설레는 가슴으로 고향 나들이를 갔다. 마을 어귀에 들어서자 끝이 뾰족하고 길쭉하며 덩치 큰 대봉감이 튼실하게 익어가며 존재감을 드러내고 있었다. 우리 텃밭 모퉁이에서는 주황빛 얼굴에 검은 반점이 묻어있는 먹감들이 가을 햇살을 받아 한창 무르익어 가고 있었다.

뜨락의 돌담 곁에는 유년 시절 내 놀이터였던 늙은 감나무 두 그루가 묵직이 자리를 지키고 있었다. 잠시 앞에서 물끄러미 바라보고 있노라니 어릴 적 해마다 이맘쯤 되어 홍시가 하나둘 익어갈 때면 다람쥐처럼 붙잡고 매달리며 두 감나무를 오르내리던 추억이 세월을 뛰어넘어 되살아났다.

어린 시절, 건넌방에서 공부하고 있던 어느 가을날이었던가? 어머니는 때때로 슬며시 내 방을 열고 아주 물컹한 홍시를 내밀곤 했다. 입안에서 사르르 녹아들어 가는 홍시의 맛, 그때의 그 맛을 잊을 수가 없다. 흰 눈이 펑펑 내리는 동지섣달 긴긴밤에 간식으로 내다 먹는 홍시 맛은 천하 일미이었다.

보릿고개 시절에는 새벽에 일어나 앞다퉈 감꽃을 주워 모은 적도 있었다. 주운 감꽃을 한 움큼씩 질근질근 씹어 먹으며 허기를 달래곤 했다. 남은 것은 꽃목걸이로 만들어 목에 걸고 다니며 빼먹기도 하고 늦잠 잔 동생에게 나누어주기도 했던 기억이 새롭다.

초복이 지나면 풋감을 물에 담가 떫은맛을 우려내고 먹거리로 삼았다. 태풍이 불거나 밤새 바람이 불어대던 날 아침에는, 큰 감나무 밑에 떨어진 감을 바가지에 주워 담아 옹기 단지에 넣은 뒤 물을 적당히 채우고는 뜨듯한 두엄더미 속에 넣어 두었다. 하루나 이틀 정도 지나면 떨떠름한 맛이 잘 우러나서 먹을 수 있었다.

푸르뎅뎅했던 맛이 어느덧 빨갛게 익어 제 빛깔을 드러내는 가을이 되면 아버지는 긴 대나무에 망을 만들어 조심스럽게 감을 땄다. 들녘 가을걷이에 바쁘실 때는 감을 수확하는 일거리는 내 차지였다. 겁 없이 용케도 높은 감나무에 올라가 새끼줄을 연결한 망태기를 가지 중간에 매달아 놓고 가득 따 담아 내리곤 했다. 수확한 감은 독 안에 저장하거나 온 가족이 둘러앉아 깎아 곶감을 만들었다.

곶감은 감의 껍질을 벗긴 다음 싸리나무 가지에 꿰고 엮어서 처마 밑에 매달아 시득시득 말린 것이다. 잘 말려 단맛이 하얗게 빠져나와 분처럼 뒤덮이면 납작하거나 네모지게, 혹은 타원형으로 매만져 곶감을 접는다. 항아리에다 잘 간수하면 이듬해 풋감이 나올 때까지 보관할 수 있다. 당시의 우리 집 겨울 군것질로 이보다 좋은 것이 없었다.

옛날 우리 마을에는 집집마다 감나무가 없는 집이 없었다. 당시 어른들은 수많은 과수 중에서 감나무를 으뜸으로 여겼다. 감나무는 오래 살 뿐만 아니라, 좋은 그늘을 만들어 주고, 새가 둥지를 틀지 않으며, 벌레가 꾀지 않는다. 또 열매가 먹음직하고, 단풍이 아름다우며, 잎에 글씨를 쓸 수 있으니 칠절七絕을 두루 갖춘 나무라 했다.

또한 오상五常 · 오색五色의 영험한 나무로도 여겼다. 감나무는 잎을 글 쓰는 종이로 삼고, 나무가 단단해 화살촉으로 쓰이며, 겉과 속이 다 같이 붉어 표리부동하지 않고, 열매가 부드러워 노인들도 먹을 수 있으며, 서리가 내릴 때까지 버티니 이것을 일러 감나무의 오상이라 한다. 오색은 흑黑 · 청靑 · 황黃 · 적赤 · 백白을 말하는데 나무는 검고, 잎은 푸르며, 꽃은 노랗고, 열매는 붉고, 말린 곶감엔 흰 가루가 난다고 해 붙여진 것이다.

예전 우리 어르신들은 늦가을에 감을 수확할 때, 다 따지 않고 까치 따위의 새들이 먹을 수 있도록 남겨 두고 이를 까치밥이라 불렀다. 가을이 가고 겨울이 왔을 때 먹이를 찾지 못하는 새들이나 작은 짐승들이 한 끼의 먹이라도 해결하라고 남겨 놓은 인정의 발로인 셈이다. 이야말로 우리 조상들의 아름다운 배려 문화요, 동물을 사랑하는 지혜이자, 자연 친화의 본보기라고 찬사를 아끼지 않고 싶다.

어릴 적부터 홍시를 자주 먹어 맛을 들여서인지 몰라도 감나무에 대한 애착이 남다른 나는, 10여 년 전에 몇십 그루 사다 심었다. 잘 가꾸고 관리해 주었더니 3년째부터는 절기에 따라 어김없이 꽃이 피고 열매들이 열리기 시작했다. 사시사철 달라지는 모양을 보면서 자연의 법칙을 배웠다. 각박한 세태 속에서도 순환의 법칙을 벗어나지 않는 자연의 이치를 알 수 있었다.

십 년을 위한 계획으로는 나무를 심는 것만 한 것이 없다더니 어느새 크게 자라서 해마다 수확의 즐거움을 주고 있다. 재작년부터는 손주들이 직접 와서 감을 따는 재미를 누리고 있다. 오늘도 쾌청한 햇살을 받으며 익어가는 감들을 보면서 귀여운 손주들 얼굴을 하나하나 그려 본다. 금방 딴 홍시를 손으로 움켜쥐고 먹는 모습을 상상하니 흐뭇한 기분이 가슴에 차오른다. 모두 다 불러 잘 익은 홍시 잔치를 벌여야겠다.

# 낙하산 양말

며칠 전 양말 상자를 정리하다가 보니 40년 가까이 된 양말 몇 켤레가 눈에 띄었다. 사실 그렇게 오래된 것이 있을 줄 몰랐다. 그중에서 한 양말을 꺼내 들었다. 닳고 닳아 낡아진 양말이다. 잠시 양말과 관련된 옛 추억 속으로 빠져들었다. 노란 양말 한 켤레가 다정한 미소를 지으며 다가온다. 고등학교 시절부터 줄곧 내 발의 친구가 돼 주었던 낙하산 양말이다.

형편이 어려워 정읍 외삼촌 댁에서 가정교사를 하며 고등학교에 다녔다. 1학년 겨울방학을 맞이하여 시골 고향집으로 왔으나 내 방을 동생들이 차지하고 있었다. 할 수 없이 내버려 둔 사랑채 방을 치우고 침실로 쓰던 때였다. 어느 날 경상도 보따리 양말장수 부부가 해가 기울고 어둑어둑해질 무렵 우리 집으로 찾아왔다.

보따리를 지고 이 동네 저 동네 양말을 팔러 다니다가 마침내 산골 끝 우리 마을에 온 자초지종을 이야기했다. 날은 어두워지고 하룻밤 묵을 집을 구하러 다녔으나 집집이 거절당하고 우리 집에 이르게 되었다는 딱한 사정이었다. 상황을 알아차린 나는 선선히 쓰던 방을 빌려주었다.

뜨뜻한 하룻밤을 보낸 부부는 이튿날 방값을 주려고 했으나 조건 없이 베푼 친절이었으므로 한사코 거절했다. 그러자 대신 두툼한 낙하산 양말 한 켤레를 내밀었다. 작은 은혜일망정 보답하려는 그들의 호의를 거절할 수 없어 받아들였다.

변변한 양말이 없던 차에 그 뒤 그 양말은 내 애용품이 되었다. 고등학교, 대학교를 졸업하고 교사로 근무하다가 결혼해서까지 양말 대장 역할을 다했다. 그러던 1970년대 초 어느 겨울방학 때였다. 전주에 가서 작은 오토바이 한 대를 샀다. 반 시간쯤 타는 법을 배우고 나서 무모하게도 백여 리나 되는 고향 집까지 몰고 갔다.

다음 날 아침이었다. 정읍으로 먼저 출발한 어머니와 아내를 오토바이로 추월하여 굽은 길에서 급커브를 틀었다. 낮은 언덕 아래로 오토바이와 함께 곤두박질쳤다. 왼발의 두꺼운 방한화가 찢어졌다. 속에 신은 양말까지 갈라졌다. 천만다행히도 발등이 거짓말처럼 무사했다. 지난날 경상도 나그네 부부를 하룻밤 재워 주고 얻은 낙하산 양말을 신은 덕택이었다.

이런 일이 있고서 아내는 양말이 찢겨 갈라졌으니 버리라고 했으나 귓등으로 흘려보내고 하얀 실로 꿰맨 뒤 양말 상자에 소중히 보관했다. 몰래 사귀는 애인처럼 해마다 겨울이 되면 몇 번씩 꺼내 신어

보는 낙하산 양말은 어느덧 40여 년이 넘도록 오랜 친구가 되었다.

겨울이면 발이 시리던 시대. 목이 긴 낙하산 양말 켤레만 있으면 만년묵이처럼 두고두고 신을 수 있는 그 시절. 강추위가 있는 날이면 얇은 나일론 양말 두 켤레를 껴 신고 그 위에 낙하산 양말을 덧신었던 기억이 새롭다. 동생을 감싸 주는 큰형처럼 맏형 양말 노릇을 다했다. 힘이 약하고 허물 많은 친구의 약점을 덮어주고 감싸주듯 제 할 도리를 다했다. 고린내 나는 발가락 냄새도 아랑곳하지 않고 착 달라붙어 자신의 희생을 감수하면서 끝까지 역할을 다했다.

그런데 10여 년 전 어느 날, 나의 이런 사연을 알지 못했던 아내가 낡고 닳은 헌 양말들을 치워 버렸다. 그 틈에 끼어 추억의 낙하산 양말도 사라졌다. 그런 줄도 모르고 그해 겨울에 낙하산 양말을 찾았으나, 아무리 뒤적거려도 나오지 않았다. 아내에게 물어보니 모른다고 대답했다. 다시 온 방을 들쑤시고 찾고 다녔더니 자기가 혹시 버렸는지 모르겠다고 말했다.

그 뒤 아내는 헌 양말에 대한 나의 사랑에 관여치 않고 곁에서 지켜보기만 했다. 이런 계기로 시작된 나의 오랜 양말 사랑은 지금까지도 변함없이 이어지고 있다. 이제 나의 양말 바구니에는 수십 년 된 것부터 요즈음 새로 산 양말들까지 뒤죽박죽으로 섞여 있다. 닳고 닳아 속이 훤히 드러나 보이는 것, 실로 여기저기 꿰맨 것, 짝 잃은 것도 더러 있다. 헌것 새것 도무지 질서를 잡을 수 없다. 세어 보기 귀찮을 정도이다. 내 나이보다 개수가 훨씬 더 많다. 몇 년 안 가서 100켤레를 넘어설 것 같다.

요즈음은 양말도 패션화가 되어서 매우 아름답게 나온다. 그런데도 낡고 오래된 양말일수록 옛 친구처럼 정감이 더 가는 이유는 무엇일까? 아마 예전의 낙하산 양말 사랑이 추억 속에서 되살아나기 때문인 듯하다. 아무튼, 오랫동안 두 발을 감싸고 지켜준 낙하산 양말의 공로를 길이 잊지 못할 것이다.

사실 상식선으로 보면 양말은 발을 편안하고 따뜻한 상태로 유지하는 도구 중의 하나에 불과하다. 그러나 어찌 보면 강한 힘으로 내리누르는 몸무게를 감당하며, 발바닥으로 짓밟히는 수모를 감내하면서 모든 시련이 끝날 날을 기다리고 있는 게 바로 양말이다. 이 같은 역할을 하는 사람들도 있다. 낮은 자리에서 어렵고 더럽고 힘든 일을 생업으로 삼고 있는 사람들이 바로 그들이다. 그들의 직업정신은 우리의 위안이요 등불이다. 문득 섬기는 자가 큰 자라고 가르치며 제자들의 발을 씻어 주는 예수의 영상이 떠오른다. 좋은 일자리 없다고 아우성치는 사람들에게 눈높이를 낮춰 보라고 권하고 싶다. 아무튼 이런저런 이유로 오래 묵은 장맛 같은 추억이 어린 양말 사랑은 오래도록 계속될 것 같다.

# 칠보산에 서린 정읍의 정신

이상한 노릇이다. 왠지 모를 그리움이 가슴에 저리고 실타래 엉키듯 꼬인 일로 어수선해질 적에는 고향 산천을 찾아가 어린 날의 향수에 젖어 들거나 산에 오르면 기분이 한결 거뜬해질 때가 있다.

오늘따라 가을을 타는지 맘이 싱숭생숭해지고 일이 손에 잡히지 않았다. 여느 때처럼 고향 마을이라도 다녀오면 뭔가 갈피가 잡힐 것 같아 길을 나섰다. 정읍 시내에서 북면 칠보산 쪽으로 차를 천천히 몰았더니 십여 분 만에 내 유년의 삶터 관동 마을이 시야에 들어왔다.

동네 어귀에 이르자 어미바위, 아들바위라고 부르는 두 개의 선돌(Menhir)이 묵묵히 맞이해 주었다. '잠깐이라도 좋으니 우릴 보고 가시오.' 하는 것 같아 차를 멈추고 눈여겨보았다. 마치 이스터섬의 귀가 큰 석상을 연상케 하는 어미바위는 매우 사실적인 형상을 하고 있어 이채로웠다. 예전에는 이곳에 돌탑이 있어 당산거리라 불렀고 마을까지 정자나무숲이 우거졌었다.

더 올라갔다. 어릴 적 놀이터요 쉼터였던 둥구나무와 모정이 한적하게 기다리고 있었다. 공터에 주차해 놓고 잠깐 마루에 올라앉아 주위를 둘러보았다. 대낮인데도 인적이 없고 고요하다. 고개를 들어 흘러가는 구름을 보니 고향 떠난 일가들이 그리워지고, 갑자기 가슴속이 텅 빈 것 같은 허전함이 몰려온다. '외로움과 결별하는 가장 쉬운 방법'이라는 책이라도 있었으면 좋겠다.

공허감을 누르고 구불구불 돌담길을 지나 고향 집으로 들어섰다. 따뜻한 햇볕이 부챗살처럼 마당에 펼쳐지고 있었다. 텃밭 모퉁이에서는 주황빛 얼굴에 검은 반점이 묻어있는 먹감들이 가을 햇살을 받아 한창 무르익어 가고 있었다. 어릴 적 해마다 이맘쯤 되어 홍시가 하나둘 익어갈 때면 다람쥐처럼 붙잡고 매달리며 두 감나무를 오르내리던 추억이 세월을 뛰어넘어 되살아났다. 반겨주는 사람이 없는데도 포근했다. 엄마의 품 같은 따스함. 이것이 고향이 주는 힘인가보다.

뜰 안을 한참이나 서성이다가 누구라도 만나 옛정을 나누고 싶어서 서둘러 마을회관을 찾았다. 재종형님을 비롯하여 어른들께서 반갑게 맞아주시고 음식까지 대접해주셨다. 함께 돌보고 나누는 그분들의 모습을 통하여 행복한 공존을 엿볼 수 있었다.

이어서 발길을 바로 옆 남고서원으로 옮겼다. 우리 도 문화재자료 제76호로 지정된 이 서원은 호남의 성리학자 이항과 임진왜란 때

의병장 김천일의 위패를 모시고 제사를 지내는 곳이며, 선비들이 학문을 닦던 도장이다.

이항은 글을 잘했다. 일화도 많다. 퇴계 이황은 그를 가리켜 '호남 성리학의 비조'라고 했고 송강 정철은 "만일 호남에 이항이 없었더라면 무식을 면치 못했을 것"이라고 했다. 또 선조 때 문신 허엽은 명나라 사신으로 명나라 사신으로 연경에 갔을 때 "조선에 현인군자가 몇 사람이 있느냐" 묻자 "이황과 이항이 있을 뿐"이라고 답했다고 전해온다.

어릴 적 선친에게 들은 기억에 의하면 일재 이항은 임진왜란이 일어날 것을 예측하여 제자들에게 양식이 없을 때 대처하는 법을 가르쳤고 특히 문과 무의 합일 정신을 강조하였다고 한다. 실제로 임진왜란이 난 당시 일재 이항의 제자 김천일, 김재민 장군을 비롯한 54위가 각 지역 의병장으로 나아가 외부에서 국가를 지켜내고, 내부에서는 안의와 손홍록 선생 등이 《조선왕조실록》과 조선의 '태조 어진'을 지켜냈다.

그끄러께 5월 정읍 시청에서 "일재 이항 선생은 고운 최치원의 '풍류도 사상'을 유학적인 입장에서 자주적으로 재창조하여, 우리의 근대 사상가인 수운 최재우, 해월 최시형, 증산 강일순 등에게 '정읍의 정신'을 계승해 준 위대한 사상가"였다고 논증했던 전북대 김익두 교수의 말을 되새겨 보았다.

잠깐 눈을 감고 암울했던 역사를 되짚어 보았다. 국난을 극복한 정신적 줏대가 바로 나의 선조 일재 이항의 '정읍의 정신'이었다고 생각하니 후손으로서 가슴 뿌듯했다. 정읍현감을 했던 이순신 장군이 훗날 '만약 호남이 없었다면, 역시 나라도 없었을 것이다(若無湖南是無國家).'라는 말을 남기게 되었던 배경들도 일재 선생의 사상사적 측면에서 비롯되지 않았을까 생각해 보았다.

조금 휴식을 취하고 싸드락싸드락 완만한 오름길을 걷자니 보림사 못 미쳐 약 500m 전방에 정자나무가 서 있다. 나무의 형태도 아름답고 무척 커서 둘레가 약 8m에 이르는 괴목이다. 아름드리 가지만 해도 13가지에 이르고 있다. 이 나무는 우리 동네의 역사다. 600여 년 전 고려 공민왕 때 편조국사가 아랫마을에서 사찰이 훤히 내려 보이는 허전함을 비보하기 위해서 심었다고 한다.

긴 세월의 풍상 속에 우뚝 서 있는 모양이 어쩌면 그렇게 아름다울 수가 있을까. 시원한 바람으로 들뜬 마음을 달래주며 넓은 그늘로 잘잘못을 두루 포용해 줄 수 있을 것 같다. 나는 어릴 적 이 거목에 녹음이 차오르고 뭇 새들이 깃들이어 노래하는 걸 바라보며 보릿고개의 시름을 참아 냈다. 여름 소나기를 피해 나무 아래 서서 무성한 이파리에 떨어지는 빗소리의 청량감에 고달픈 삼복더위를 잊곤 했다.

한참 쉬다가 칠보산 중턱에 있는 보림사로 올라갔다. 원래 일재 이항 선생의 서재로 창건되었다는 설이 있는 이 사찰은, 일본강점기의 숨은 선비였던 동초 김석곤 선생과 관련한 유적이 존재한다. 이항 선생 강마소 바위 뒤편에는 계곡이 있고 그 건너편에는 도불원인道不遠人이라 새겨진 바위가 서 있으니 이는 바로 동초 선생의 작품이다.

물 맑고 신령스러운 이곳 보림사 옆 계곡 가장자리에 자신의 학문적 선생이요, 대선배라 할 수 있는 일재 이항을 기리며 '도불원인'이라는 네 글자를 새겼던 것일까? '도는 인간의 삶과 멀리 있지 않다.'는 뜻으로 해석되는 이 구절은 무도한 시대를 살아가는 우리에게 무엇을 시사하고 있는 것일까?

생각에 잠기다가 고개를 들어 올려다보니 칠보산의 일곱 봉우리가 춤을 추듯 능선을 따라 줄기줄기 뻗어 나가고 있다. 예로부터 칠보영산七寶靈山이라 불리어 온 정읍의 진산鎭山이 바로 이 산이다. 산등성이와 골짜기는 칠보임학七寶林壑이라 하여 수려할 뿐만 아니라 깊고 으슥한 곳이 많아 예부터 피난골로 알려졌다. 동학혁명 때는 농민군들이, 임진왜란 때는 주민들이 피난했던 곳이다.

골짜기마다 조상들의 전설을 간직하고 있다. 산마루에는 족두리바위라는 큰 바위가 있는데, 옛날에 사랑하는 사람과 결혼하지 못하는 것을 슬퍼한 한 신부가 혼례식 날 가마가 산꼭대기에 이르렀을 때 족두리를 벗어 던지고 몸을 바위 아래로 날렸다는 얘기가 전해진다. 사랑하므로 아름다운 것이라 안 했던가? "사람은 자신이 결심한 만큼 행복해진다."는 말이 있듯 신부도 저세상에서 행복했으리라. 피안彼岸에 피어난 한 송이 사랑, 영원히 아름답기를….

이왕 내친김에 칠보산의 멧부리인 연수봉(472.2m)까지 올라가기로 마음을 정했다. 예전에 연수봉에 올라서면 사방이 트이고 가슴 속 깊숙이 잠자고 있던 평화와 희열이 샘솟지 않았던가. 다시 마음을 다지고 걸음을 재우쳤다. 울울창창한 솔숲이 하늘을 가리고 있었다. 사잇길을 꿰질러 얼마 기어오르지 않았는데도 숨이 차오르고 비릿한 땀방울이 등을 타고 흘러 내려갔다. 길섶 바위 위에 철퍼덕 주저앉아 숨결을 골랐다. 솔 냄새가 은은한 향으로 다가와 또르르 콧등을 타고 추억의 가슴 한구석으로 흘러들었다. 그리운 얼굴들이 하나하나 모여 솔숲 바람을 타고 귓전을 감돌며 속삭이는 듯했다.

한참을 올라가다 보니 멧돼지 발자국들이 어지럽게 널려 있었다. 겁이 덜컥 났다. 게다가 연수봉에 오르는 길은 여간 험하고 힘든 길이 아니다. 예전의 연수봉 등정 경험에 의하면 알고도 속고 모르고도 속으면서 사는 인생 역정을 닮았다. 정상인가 싶으면 정상은 그 너머 산봉우리를 두어 개 넘어가야 했다.

우리네 인생도 오르막길을 가다가 뜻하지 않게 하기 어려운 고비를 만날 때가 있다. 젊었을 때 같으면 계획대로 연수봉까지 강행했을 텐데 모험을 무릅쓰는 나이가 지났기에 물러설 수밖에 없었다. 다음을 기약하며 산을 뒤로하고 아쉬운 발걸음을 내디뎠다.

오늘처럼 의미를 부여하며 고향 산천을 걷는 것은 새로운 즐거움이자 행복이요, 자신의 길을 되찾는 일이 아닐까 싶다. 어슬렁거리기 좋은 이 계절이 다 가기 전, 사랑하는 사람과 함께 소중한 추억을 나눌 수 있는 칠보산 솔숲 오솔길을 한 번쯤 더 거닐어 보고 싶다. 고향의 가을이 오늘보다 더 익을 것이다.

# 역사 지킴이 내장산 용굴암

활짝 열어 놓은 창문으로 넘쳐 들어오는 현란한 가을 햇살이 내 마음을 바깥으로 유혹한다. 이런 날엔 방안에 틀어박혀 있어 봤자 좀만 쑤실 게 뻔하다. 어디 나들이라도 가는 게 장땡이다. 한참 생각을 자박자박 굴리다가 경치가 뛰어날 뿐 아니라 '용굴'이라는 의미 깊은 사적지도 있는 내장산 금선계곡으로 방향을 잡았다.

달려가는 차창 밖 물들어 가는 가로수들의 잎사귀들 위로 눈부시게 부서지는 햇살이 설렘을 부추겼다. 매표소를 거쳐서 한 마장이 채 안 되는 우거진 단풍나무 터널을 지나 주차장에 다다랐다.

그늘에 차를 세워 놓고 바로 옆에 아담하게 자리한 우화정으로 갔다. 거울같이 맑고 잔잔한 물이 초록 숲을 빨아들여 진경산수화를 그리고 있었다. 잔챙이 물고기들은 떼로 몰려다니며 노닐고 있었다. 나도 그들과 한 무리가 되어 헤엄치는 착각이 들었다.

한참을 들여다보다가 관리사무소 쪽으로 발걸음을 재촉했다. 일주문을 지나 몇 걸음 걸어가니 어귀부터 108번뇌를 상징하는 단풍나무들이 길옆으로 늘어서 있고 숲의 싱그러움이 질펀했다. 가슴을 펴고 맑은 공기를 깊이 들이마셨다. 흥에 겨워 콧노래를 불렀더니 온갖 시름이 다 풀리는 듯했다. 얼핏 깨달음과 번뇌가 둘이 아니라는 생각이 들었다.

가벼워진 마음으로 한참 걸어가니 운치 있는 터널이 끝나고 반야교가 맞아주었다. 왼편으로 돌아 금선계곡 쪽으로 발길을 옮겼다.

어귀의 돌 징검다리를 건너자 산비둘기 한 쌍이 길가에서 먹이를 찾느라 내 발걸음 소리에도 거들떠보지 않았다. 길옆 울창한 나뭇가지 사이로 해맑은 햇살이 은빛 쇠막대기처럼 내리뻗치고 있었다. 물소리, 새소리를 제치면 목탁 소리만이 적막을 깨뜨릴 뿐 주위는 고요했다.

길은 오르막이 심하지 않고 마치 산책길을 걷듯 평안하기만 했다. 몇 분쯤 걸어가니 '수형樹形이 아름다운 단풍나무'라는 안내판이 손짓했다. 약 280년 된 단풍나무가 있다고 하여 찾아보니 비탈진 암석지에서 35도쯤 기울어져 자라고 있었다. 내장산에서 가장 아름다운 단풍나무라고 한다. 자세히 알고 보니 나무 높이 23m, 지표면 부위의 나무 줄기 지름 112cm, 가슴 높이 지름 87cm나 되는 커다란 단풍나무였다. 자잘한 단풍잎 사이로 영롱한 햇살이 쏟아지니 얼마나 아름다운지, 극찬을 들을 만했다.

반 시간 정도 평탄한 흙길과 울퉁불퉁한 돌길을 걸으며 두 개의 징검다리와 예닐곱 개의 나무다리를 건너고서야 드디어 용이 하늘로 올라갔다는 전설을 지닌 굴 아래에 이르게 되었다. 비경이 따로 없었다. 전설에 어울리는 운치와 풍경처럼 보였다.

이윽고 수백여 목재 계단을 힘들게 올라가니 동굴이 입을 떡 벌리고 있었다. 굴은 약 3m 정도의 깊이로 비바람이 불면 그대로 들이치게 되어 있었고 안으로 들어서니 정적만 가득 감돌고 있었다. 임진년 난리 속에서 《조선왕조실록》이 살아남은 것은 이 동굴 덕이었다.

굴 아래를 내려다보니 수직의 절벽이다. 어떻게 이곳까지 용케 운반해왔을까? 그 당시 전주사고의 실록에는 태조 대부터 명종 대까지의 실록을 비롯하여 《고려사》, 《고려사절요》 등 각종 문헌 총 1,344책이 보관되어 있었다. 임진왜란이 일어났던 그해 6월 왜군이 전주로 통하는 금산을 점령하는 등 전주성이 위험에 놓이게 되자 전라감사 이광은 학행과 지략을 겸비한 유사를 선발하여 참봉 오희길과 함께 실록과 어용을 피신시키기로 하였다. 때맞춰 정읍 태인의 선비 손홍록, 안의가 가동들을 데리고 경기전으로 급히 달려왔다. 수십 마리의 말과 인원을 동원하여 무려 8백여 권의 서책을 험난하고 높은 이곳 용굴 밑까지 운반해 놓고 사다리로 올리고 내리는 작업을 하였다고 한다.

그때의 광경을 떠올려 보았다. 황황급급한 난리 통에 법이고 뭣이고 있었을까. 그 당시의 고초는 오죽했으랴. 투철한 역사의식과 골수에 박힌 충성심이 없었더라면 불가능했으리라. 목숨을 아끼지 않고 우리의 역사인 《조선왕조실록》을 지켜내고자 했던 분들의 노고를 상상해 보니 진한 감동이 밀려왔다.

잠깐 생각에 잠겼다가 눈 아래로 내려다보이는 금선계곡을 바라보았다. 골짜기마다 온통 울긋불긋 비경을 연출하고 있었다. 누가 이처럼 선명히 가을의 극치감을 그려 놓을 수 있단 말인가. 슬며시 눈을 감고 원시 본연의 상태에 자연스레 잠겼다. 그윽하고 신비한 기운이 주위를 감돌았다. 마음이 평온하고 고요해졌다. 이런 게 바로 삼매경이자 신선의 경지가 아닌가 싶었다.

이름 모를 산새 소리에 정신이 들어 고개를 들고 위를 올려다보니 높이 솟은 신선봉이 말없이 나를 내려다보고 있다. 내 옆 숲속은 바스락 소리 하나 없이 괴괴한 정적이 흐른다. 너무 호젓한 느낌이 들어 서둘러 용굴에서 내려왔다.

이왕 내친김이라 선녀들이 폭포에서 목욕할 때 잡인들의 출입을 막기 위해 기름칠을 한 듯 미끄럽게 만들었다는 기름바위를 올라갔다. 이어서 신선문, 금선폭포의 신비로운 경치를 구경하고 싶어 더 올라갔다. 그런데 여러 해 내버려 두고 정비하지 않아서 길이 없어지고 오르내리는 철제 계단도 파손되어 위험을 무릅쓰지 않을 수 없었다. 결국, 계곡 끝까지 가지 못하고 아쉬움을 남긴 채 발길을 돌렸다.

또다시 가보고 싶다. 이웃에게도 권하고 싶다. 아름답고 고운 풍광에 매료되고 싶거나 역사의 소리에 심취하고 싶을 때는 호남의 금강이라 불리기도 하는 내장산의 한적한 금선계곡으로 발길을 옮겨보라고.

# 그리움으로 다가오는 고향

매주 화요일이면 몸 살리기 운동에 참여해 건강을 다지고 있다. 오늘은 높은 곳에 올라 남편의 무사 귀환을 바라며 달이 높이 뜨도록 소망했던, 백제 여인이 걸었을 법한 정읍사 오솔길을 걸었다. 설이 눈앞에 다가오니 문득 고향 생각이 나서 같이 걷는 친구에게 말을 걸었다.

"자네는 이곳 정읍 시내에서 태어나 줄곧 살고 있는데 고향 하면 무슨 감회를 느끼는가?"

"오랫동안 타지를 떠돈 경험이 없어서인지 몰라도 별스러운 감회가 없네."

옆에서 듣고 있던 H 선배가 끼어들었다. 37년간 외교관 생활을 하면서 주로 서울에서 살았던 선배이다. 그가 퇴직할 무렵 장관과 면담할 때 고향에 내려가 살겠다고 했더니

"지금 세상에서도 고향에 내려가 산다는 사람이 있구먼. 다른 동기들은 다 서울에서 계속 살겠다던데 자네는 참 유별나네그려."

"예. 저는 중학교 시절 할아버지와 말년이 되면 고향에서 살겠다고 약속을 했습니다."

그 뒤 현직에서 물러났을 때 완강히 반대하는 집사람과 동생들을 겨우 설득하여 고향인 정읍으로 내려와 14년째 살고 있다고 했다. 지금은 가족이나 동생들 모두 자기의 결단을 이해하고 오히려 자부와 긍지를 느끼고 있다는 것이다.

몸 살리기 모임이 끝나고 집으로 돌아오면서 보니 길거리에 벌써 '고향 방문을 환영합니다.'란 현수막이 나붙었다. 고향 생각을 부채질한다. 내친김에 간단한 먹거리를 자가용에 싣고 고향으로 달려갔다. 마을길로 접어들자 마음이 먼저 포근해지는 것을 느꼈다. 어린 시절의 추억이 떠올랐다.

동네 어귀에 이르자 할아버지 입석과 할머니 입석으로 부르는 두 선돌이 고풍을 드러내고 있었다. 선사시대의 거석 기념물인 이들 선돌(Menhir)은 그 크기가 장대하다. 마치 이스터섬의 귀가 큰 입석을 연상케 하는 할아버지 입석은 매우 사실적인 형상을 하고 있어 이채롭다. 예전에는 이곳에 돌탑이 있어 당산거리라 불렀고 마을까지 정자나무숲이 우거졌었다.

더 올라갔다. 어릴 적 놀이터요 쉼터였던 둥구나무와 모정이 기다리고 있었다. 주차해 놓고 잠깐 마루에 올라앉아 주위를 둘러보았다. 정겨운 명절이 코앞으로 다가오는 대낮인데도 인적이 없이 고요

했다. 고개를 들어 흘러가는 구름을 보니 고향 떠난 일가들이 그리워지고, 갑자기 가슴속이 텅 비는 것 같았다. '외로움과 작별하는 가장 쉬운 방법'이라는 책이라도 있었으면 좋겠다.

허전함을 눌러 버리고 구불구불 돌담길을 지나 고향 집으로 들어섰다. 따뜻한 오후 햇살이 마치 부챗살처럼 마당에 펼쳐지고 있었다. 반겨주는 사람이 없는데도 포근했다. 엄마의 품 같은 따스함! 이것이 고향이 주는 '힘'인가 보다.

마루에 앉았다. 어린 시절 마루에 나와 마당을 향하여 오줌을 내리깔기면 아버지는 싫은 기색 한번 없이 흙을 파다가 그 오줌 흔적을 메우곤 하셨다. 저 따사로운 양지 마당에서 소꿉장난, 구슬치기, 자치기, 팽이치기 놀이를 하면서 놀았다.

그때는 한겨울의 추위가 지금보다 심했다. 밤새 눈이 내리는 날이 많았다. 그런 날이면 일찍 일어나신 아버지는 자식들이 미끄러질까 맨 먼저 마당과 골목길 위에 수북하게 쌓인 눈부터 치우셨다. 양말과 장갑이 변변치 못했던 그 시절 아버지는 얼마나 손발이 시리셨을까.

건너편 사랑채가 눈에 들어왔다. 그곳에서 몇 년 기거했던 적이 있다. 따로 떨어진 방이라 사생활이 보장되었지만, 겨울엔 어떻게 외풍이 셌던지…. 넓게 댄 문풍지가 윙윙 울며 다르르 떨리던 모양이 기억을 불러일으킨다.

부엌을 들여다보았다. 벽 시렁 위에 먼지를 둘러쓴 양은그릇 몇 개와 냄비 하나가 뒹굴고 있었다. 물 항아리는 건재했다. 수도시설이 없었던 그 시절, 어머니는 새벽에 일찍 일어나 물동이를 이고 도랑 건너 우물가로 가셨다. 시린 손으로 차가운 물을 퍼 올려 동이에 가득 채우시고 빙판길을 조심조심 내디디시면서 부엌의 물 항아리를 채우시곤 하셨다.

어머니는 평생을 이렇게 열악한 부엌에서 밥을 짓고 국과 반찬을 만들어 우리 10남매를 먹여 살리셨다. 재료도 없고 양식도 항상 부족했지만, 무공해 자연식품을 먹여 주셨기에 우리 모두 무탈하게 컸고, 지금까지 건강을 유지하고 있다. 그뿐만 아니라 어머니는 음식 솜씨가 무던하셨다. 특히 담백한 국물김치, 고추장, 된장, 청국장 맛은 아직도 혀에 배여 있다. 그 비법을 우리 형제자매 중 한 사람이라도 전수받았더라면 좋았을 텐데 다들 고향보다는 외지에서 살다 보니 기회를 놓쳐버리고 말았다. 참으로 애석하기 그지없다.

한참 동안 부모님의 사랑, 가난했지만 행복했던 어린 시절 추억에 잠겨 있다가 마음을 가다듬었다. 누군가를 만나서 옛정을 나누고 싶어서 서둘러 동네 노인정을 방문하였다. 재종형님을 비롯하여 어른들께서 반갑게 맞아주시고 음식까지 대접해주셨다. 함께 돌보고 나누는 그분들의 모습을 통하여 행복한 공존을 엿볼 수 있었다. 드린 선물은 빈약했지만, 온몸을 휘휘 감도는 행복감과 포근함에 젖어 돌아왔다.

우리 세대에게는 이렇게 고향과 고향 집이 있었다. 하지만 지금의 젊은 세대들에게 고향이라는 단어가 어떤 말로 다가올지 궁금하다. 잊혀가는 단어가 될까 염려된다. 나의 자식 세대는 고향 집이 존재하지 않는 것 같다. 지금 거주하는 곳은 항상 임시 거쳐 가는 곳으로 생각한다. 열심히 돈을 벌어서 더 좋은 곳으로 이사해야겠다고 계획을 세우기 마련이다. 고향을 그리워하고 고향이라는 이름을 들먹일 수 있는 마지막 세대가 지금의 내가 아닐까.

나이가 들어가면서 고향 생각 빈도가 높아졌다. 아직도 고향이란 끈을 놓지 못하는 내게는 시골의 부모님 터전이 더없이 정겹고 소중하다. 지금 사는 집이 훨씬 살기 좋고 문화시설이 갖춰진 좋은 집이지만, 누추한 시골집에 더 애착이 간다. 고향을 배경으로 꿈이 보일 때가 잦아졌다. 오늘따라 〈고향초〉란 노래를 듣고 싶다. 고향 집과 돌아가신 부모님이 애틋하게 그리워진다.

# 등잔불

가을 나들이를 겸해 문화 유적 답사를 떠났다. 백이십여 년 전 충청북도에서 최초로 설립된 매괴성당을 찾아갔다. 본당 옆 박물관에는 뜻밖에도 고풍스러운 남포등과 유리 등피가 전시되어 있었다. 밝은 낮인데도 성당 한쪽 뜰 전시관에는 수십 개의 등잔불이 일렁이고 있었다. 뜻밖의 정경이었다. 오랜만에 옛 친구를 만난 반가움이 이런 것일까. 발걸음을 멈추고 작은 불꽃들에 정신이 팔렸다. 어린 시절 등잔불 추억이 떠올랐다.

나는 석유 등잔불 시대에 태어나 유년을 보냈다. 그때 그 시절, 우리 집에서는 등잔이 사기로 된 호롱불을 많이 켰다. 때로는 종지나 접시에 들기름이나 아주까리기름을 붓고 그것에 심지를 적셔 불빛을 내기도 했다.

등잔불은 어려운 살림살이에 없어서는 안 될 중요 기구였다. 어두운 방을 밝혀 주는 것 이상으로 따뜻한 무엇이 있었다. 등불 하나를 켜놓고 그 밑에 가족들이 모여 앉아 저녁밥을 먹었다. 가난 속에서도 등잔불을 중심으로 모이는 포근함과 노랗게 피어오르는 불꽃과 함께 평화와 인정이 흘러넘쳤다.

집안에 잔치가 있거나 섣달그믐날이 되면 등잔불을 네모난 등 안에 앉히고는 처마 아래에 매달아 집안을 환하게 밝혔다. 그런 날 밤이면 우리 집 사랑방에는 날이 밝을 때까지 호롱불을 켜 놓고 네댓이 오밀조밀 화투판을 벌이는 일이 흔했다.

지금은 후미진 벽촌에도 대부분 전기가 들어와 밤에도 낮같이 밝아서 이 그림자놀이가 많이 사라졌지만, 예전의 등잔불 밑에서는 여러 가지 그림자를 만들며 재미있게 놀았다. 그림자놀이는 재료가 필요 없고 불빛과 비칠 장소만 있으면 언제든지 할 수 있는 놀이이다. 저녁에 등잔불 주위에 둘러 앉아서 손으로 여러 가지 모양의 시늉을 하면 그 그림자가 벽에 나타나 마치 실물의 모양과 비슷하다. 나는 한 손 또는 두 손으로 개 · 여우 · 나비 등 다양한 모양을 만들기도 하며 때로는 종이나 나무막대기를 이용하여 재미있는 그림자를 만들면서 친구들과 놀곤 했다.

부지런하셨던 우리 어머니는 밤이 이슥하도록 등잔불을 밝히고 일감을 손에서 놓지 않으셨다. 희미한 등잔 불빛 아래서 우리 열 남매의 해진 옷가지를 수선하시느라 밤잠을 못 주무실 때가 많았다. 어머니가 등잔불 밑에서 내 구멍 난 양말과 해진 바지를 기워 주시던 모습이 눈에 선하다. 나와 동생들은 그 옆에서 어리광도 피우고 어머니가 들려주시던 재미있는 옛이야기를 듣다가 금세 잠이 들기도 했다. 아마도 내 어릴 적 정서는 어머니가 바느질하시던 등잔불 밑에서 형성되지 않았나 싶다.

등잔불은 화락한 기분을 아늑히 느끼게 하였다. 겨울 나들이를 했다가 늦은 밤에 돌아올 때면 동구 밖에서 바라보던 고향 마을의 밤 풍경이 어쩜 그렇게 안온한 느낌을 주었던지. 집집이 등잔불을 밝힌 모습은 언제나 포근하고 정겨웠다. 그 평온 속에서 미래의 꿈을 그리던 나는 어느덧 종심從心에 이르렀다.

나는 꼬마 시절부터 호롱불을 넣은 제등提燈을 들고 다녔다. 장에 가신 아버지가 밤이 늦도록 안 들어오시면, 심지를 돋운 등불을 들고 고개 너머로 마중을 나가곤 하였다. 도중에 바람이 세게 불어 등불이 꺼질 때마다 몇 번이고 성냥을 그어대 불을 붙였던 일이 엊그제 같다.

등잔불이 마냥 좋지만은 않았다. 침침하기 이를 데 없어 그 밑에선 책을 보기에도 힘들었다. 불빛이 어스름하다고 심지를 돋우는 밤에는 어김없이 콧구멍이 까맣게 되곤 했다. 때로는 등잔불 밑에서 공부하며 꾸벅꾸벅 졸다가 눈썹과 앞 머리카락을 태워 버리기도 했다. 어느 날 밤엔 석유 등잔불을 켜 놓고 숙제하다가 그만 졸음에 겨워 깜박 잠든 사이에 이불에 불이 번질 뻔했던 적도 있다.

이제는 전국 방방곡곡 밝고 화려한 전깃불 시대가 되어 등잔 같은 옛 조명기구들은 골동품 가게를 찾아가야 볼 수 있는 아스라한 물건이 되었다. 그동안 전등불의 혜택을 받다 보니 유년 시절 등잔불이 내게 안겨 주었던 아늑함과 정겨움을 잊은 것 같다.

세상의 모든 것이 잠들고 홀로 깨어 있는 밤. 잠시 생각을 멈추고 등잔불을 물끄러미 응시하고 있으면 마음이 그윽해질 것 같다. 그동안 잡다한 일에 쫓겨 분망했던 마음도 그 불빛이 어머니 손길같이 어루만져주지 않을까. 언젠가 기회가 된다면 고향 집 온돌방에 등잔불을 밤새도록 켜 놓고, 식구들과 빙 둘러앉아 옛 이야기를 꽃피워 봤으면 한다.

# 어부바 사랑

아내가 이불장을 정리하다 오래된 포대기 두 개를 찾아냈다. 연푸른, 연노랑 천끼리 맞대고 얇게 솜을 놓아서 누빈 것으로 외손주 주원이와 정원이가 갓난이 때 산 것이니까 20여 년 가까이 된 물건이다. 이젠 빛깔이 바래서 볼품이 없게 되었지마는 이래 봬도 그 당시에는 고급품이었다.

"이게 지금까지 남아 있네. 버리지 그래." 대수롭지 않게 슬쩍 말하자 아내는 "아직은 멀쩡해 보이는데 왜 버려. 이대로 잘 놓아두었다가 곧 태어날 친손주 돌볼 때 써야지." 애착심이 어린 어조로 말했다. 자식 사랑은 내리사랑이라더니 손주 사랑까지 이어질 모양이다.

지금껏 아내는 곤곤한 살림살이 속에서 연년 터울로 태어나는 오남매를 업어 키우느라 누비포대기 두 벌이 닳았다. 목화솜 같은 눈이 펑펑 쏟아지던 어느 날 새벽, 갑자기 열이 펄펄 끓는 막내딸을 허둥지둥 포대기로 감싸 업고 소아과 의원으로 뛰어가던 모습이 엊그제 일처럼 생생하다. 그동안 자식들의 뒷바라지에 얼마나 고심이 많았겠는가. 그럼에도 잇달아 태어나는 손주들까지 돌봐줄 생각을 하다니 아내의 어부바 포대기 사랑은 끝없을 성싶다.

아내가 꺼내 놓은 누비포대기를 보고 있자니 갑자기 어릴 적부터 무척 아끼고 사랑해 주셨던 넷째 누나가 생각나서 전화로 문안 인사를 드렸다. 이런저런 안부를 주고받던 중 내 철부지 시절 이야기가 나왔다.

걸음마를 뗄 때부터 서너 살 때까지는 주로 넷째 누나가 업어 키웠다고 알려 주셨다. 농사철에 배가 고파 칭얼댈 때는 포대기로 업고 들일을 나간 어머니를 찾아가 젖을 먹였단다. 걷기 싫다고 곧잘 떼를 쓰는 나를 업고 십 리도 넘게 걸었던 고생담도 들려주셨다. 6 · 25 피난 시절 때였으니 얼마나 힘드셨을까. 일흔이 넘은 지금도 엊그제 일처럼 생생하다고 회고하셨다.

통화를 마치고 어릴 적 기억을 더듬어 보았다. 해 질 녘이면 어린 동생을 업고 동구 밖에서 들일 나간 어머니를 기다리던 누나의 모습이 지금도 눈에 선하다. 대여섯 살 때쯤이었던가, 누나에게 어부바해 달라고 어리광을 부리던 일이 어렴풋이 떠올랐다. 지금 생각하면 까까머리 시절까지 철없이 군 것 같아 마음에 걸리고 부끄러울 뿐이다.

그 시절 여름에는 당목 띠로 업어 키웠다. 우리 누나들은 동생을 업고도 별의별 놀이를 다 했다. 누나가 고무줄놀이에 끼어들어 깡충깡충 뛸 때마다 동생은 군드렁군드렁 머리 방아를 찧곤 했다. 그러다가 허리의 띠가 느슨히 풀어져 헐렁헐렁해지면 동생의 몸이 내려오고 두 발이 땅에 닿을 듯 말 듯 했다. 앉아서 '공기놀이'에 정신이 팔렸다 하면 등에 업힌 동생은 숫제 아랑곳없었다. 등허리가 뜨뜻미지근해지면서 척척해져도 그런가 보다, 앙앙 울어대도 그런가 보다 하면서 공기놀이에 정신을 팔았다.

얼마 전 친구 집에 들렀더니 그의 부인이 포대기로 손자를 업고 서성이고 있었다. 처음에는 좀 어울리지 않아 보였으나 이내 포근한 분위기를 느끼게 했다. 사용이 불편하지 않으냐 물으니 아기와 함께 외출할 때는 최고란다. 앞으로 껴안는 것보다 등에 업는 것이 힘도 덜 들고 계단 등을 내려갈 때 위험하지도 않으며, 집안일을 할 때도 좋다고 자랑을 늘어놓았다. 나는 고개를 끄덕이며 동감을 표시했다.

예전 우리 엄마와 할머니들도 아기들이 울거나 보챌 때 "어부바" 하며 등에 업고 포대기를 두른 채, 어르며 재웠다. 그러면 아이들은 언제 그랬냐는 듯 울음을 뚝 그치고 방실거렸다. 십 남매 중 장남인 나도 어머니 일손도 덜어 드릴 겸 동생들을 포대기로 업고 어르고 달래곤 했다.

하지만 이러한 포대기 돌보기는 어느새 사라진 것 같다. 요즘엔 포대기를 두르고 외출하는 젊은 엄마는 찾아보기 어렵다. 패션을 중요시하는 젊은 엄마들은 포대기보다 아이를 앞으로 안는 서양식 아기 띠와 고급 유모차를 선호하는 추세다. 포대기를 몸에 감음으로써 옷맵시가 떨어진다거나 포대기라는 전통적인 방식이 불편하고 촌스럽다는 인식 때문인 듯하다.

며칠 전 우연히 길거리에서 배낭 같은 포대기를 앞으로 멘 젊은 엄마를 마주친 적이 있었다. 마치 그 모습이 배꼽노리 아기 주머니에 새끼를 넣어 기르는 캥거루의 행색 같았다. 웃음을 삼키며 왜 그렇게 매고 다니느냐 물었더니, 품에 안아 주듯 앞으로 메면 아기와 눈을 마주칠 수도 있고, 아기가 엄마의 심장 소리를 가까이 들을 수 있어 좋다고 했다. 또한, 아기는 엄마의 숨소리와 맥박을 느끼며 편안함을 느낀다는 것이다.

그녀의 말도 꽤 그럴싸하고 나름대로 일리가 있는 것 같아 집에 와서 누리 검색을 해보니 한동안 유모차 방향을 엄마와 마주 보기로 하느냐 안 하느냐를 놓고 논쟁이 있었다고 한다. 마주 보기를 하면 엄마와 아기가 대화를 더 많이 할 수 있어 두뇌 발달과 정서 안정에 도움이 된다는 주장과 아이가 엄마와 같은 방향으로 정면을 보아야 더 넓은 세상을 볼 수 있다는 주장이 맞선 것이다. 흥미롭게도 전문가들이 손을 들어준 것은 유모차가 아니라 포대기였다. 안아주는 것보다 업어주는 것이 더 좋다는 것이다.

예전 우리 엄마들은 아기를 업고 집안일을 하고, 나들이도 하며, 다른 사람과도 어울렸다. 그리고 아기들에게는 엄마의 등이 또 하나의 놀이터가 되고, 엄마에게 업힌 채 모든 것을 함께 경험했다. 엄마는 아기에게 수시로 무슨 일을 하는지 보여주고 설명해주었다. 그리하여 아기는 엄마 어깨너머로 자연스럽게 세상을 배울 수 있었다.

최근 들어 우리나라 포대기가 애착愛着 육아育兒의 도구로 다시 주목을 받고 있다고 한다. 미국 · 영국 · 프랑스 한복판에서 오히려 포대기를 두른 엄마들을 찾아보기 쉬울 정도로 포대기(Podaegi)가 길거리 패션 소품으로 널리 퍼지고 있다고 한다. 아무튼, 우리의 육아용품에 세계인들이 관심을 보인다니 기분이 좋다. 우리나라에서도 업어주는 포대기가 엄마들의 길거리 패션으로 시선을 끌면 좋겠다. 포대기야말로 아줌마의 표상이자 한국 전통 스타일의 육아용품이 아니던가.

갑자기 어릴 적 나를 업어주던 엄마의 모습이 떠오른다. "어부바! 어부바!" 하는 소리도 들리는 것 같다. 우는 아이를 포대기로 업고 어르는 엄마의 모습, 그 풍경은 왠지 지켜야 할 가정의 마지막 보루 같이 느껴진다.

# 마음속 깊이 울림을 주는 《백범일지》

며칠 전 광복절을 맞이하여 우리나라 독립운동에 헌신한 선열의 뜻과 그 은덕을 새삼 기리는 시간을 가져 보았다. 몇 년 전부터 거듭 찾아 가 본 적이 있는 상하이의 대한민국 임시정부청사와 함께 백범 김구 선생이 먼저 떠올랐다. 《백범일지》를 읽었던 기억도 어렴풋하게 났다. 선생을 더 알고 싶고 그리워졌다. 시내의 도서관을 찾아가 각기 다르게 펴낸 《백범일지》 세 권을 빌려 왔다.

우선 중고등학생을 대상으로 펴낸 《백범일지》를 읽어 보았다. 한 편의 흥미진진한 대하소설 같았다. 공감되고 가슴 뭉클해지는 글 대목을 곳곳에서 만났다. 왠지 경건한 마음으로 읽어야 할 것 같아 두 번째는 윤병석이 직해한 《백범일지》를 읽어보았다. 친필본에 보이는 매우 사실적이며 고풍스러운 표현은 백범의 독특한 의식 세계가 드러나 있었으나 한편 난해한 옛말이 거치적거렸다.

마지막으로 배경식이 풀고 보탠 《백범일지》를 꼼꼼하게 읽어 보았다. 윤문潤文을 거쳐 완성된 저서라서 그런지 더 자세하고 이해하기 쉬웠다. 어쨌든 세 권 모두 김구 선생의 생애와 가족, 또는 많은 독립운동가의 파란곡절이 솔직하게 담겨있었다.

이 글을 쓸 때 선생의 마음이 어떠했는지는 백범 출간사에 잘 드러나 있다. 당장 월세를 낼 수 없어 임시정부 청사 존폐가 염려되고 죽음이 언제 닥칠지 모르는 위험한 상황에서 어린 두 아들에게 지낸 일을 알리고자 유서 같은 심정으로 쓴 자서전이 바로 《백범일지》이다. 아마 그 당시만 해도 김구 선생은 자신의 지은 《백범일지》가 훗날 임시정부와 독립운동에 관해 알 수 있는 귀중한 일차 사료史料가 되리라고는 미처 짐작하지 못했으리라.

《백범일지》에는 백범의 얼이 고스란히 담겨 있다. 다사다난한 삶을 겪은 그대로 자식들에게 들려주면서 자신의 실패를 거울 삼아 같은 잘못을 범하지 않기를 바라는 간절한 마음이 가득 들어 있다. 이 시대의 모든 자녀가 필독도서로 삼았으면 좋겠다.

내게도 이 책은 중요한 의미가 있다. 바로 백범의 역수어逆水魚 정신이다. 백범은 기회가 있을 때마다 물을 거슬러 올라가는 물고기가 될 것을 힘주어 말했다.

"죽은 물고기는 목적이 없지만 산 고기는 목적이 있다. 바라건대, 청년들은 물 흐르는 대로 순류順流하는 죽은 고기가 되지 말고 물을 거슬러 올라가는 목적 있는 산 고기가 되기를 바란다." 이 대목을 읽으며 그 시대에 내가 살았다면 어찌했을까를 생각하니 얼굴이 화끈거렸다. 어영부영 살아온 나의 모습을 되돌아볼수록 씁쓸해지는 마음을 지울 수 없었다.

이 말의 메시지와 함께 대학 시절 동아리에 가입하면서 "내가 주인이다." 선서했던 기억이 난다. 동시에 "물결에 떠내려가는 죽은 고래가 되지 말고 거슬러 올라가는 산 피라미가 되어라."라는 지도 선배의 당부도 떠오른다. 뒷날 호남대학교 총장까지 된 그 선배는 진즉 백범의 역수어 정신을 터득하고 후배들에게도 그렇게 강조한 듯싶다.

이제부터라도 이 정신을 깊이 새겨 올바른 자기 지향성으로 떳떳이 살아갈 수 있길 바란다. 더 바란다면 올곧은 삶을 살길 바란다. 적어도 김구와 같은 삶을 살 수는 없더라도 삶 앞에서 당당해지고 싶다. 삶을 진지하게 응시하며 그 속에서 참된 주체 의식으로 살아가고 싶다.

한동안 나는 1948년 정부 수립을 건국으로 보고 있었다. 때마침 《백범일지》를 읽어 보니 연합군에게 우리나라 독립의 중요성을 느끼게 해준 것은 바로 임시정부의 노력에 기인하였음을 알게 되었다. 이를 근거로 임시정부의 수립이 바로 건국이라는 역사 인식을 하게 되었다.

이처럼 《백범일지》는 독립운동의 증언서이다. 1947년 도서출판 국사원에서 아들 신이 초판을 펴낸 이후 계속 증간되고 있다. 상·하편 끝에 〈나의 소원〉이 수록되어 있다. 두 아들을 위해 쓴 글이지만, 독립운동의 표징인 《백범일지》는 스테디셀러처럼 오랜 기간에 꾸준히 잘 팔리는 책이 되고 있다.

《백범일지》가 널리 애독되는 이유가 뭘까? 나는 이 저서가 인간 백범의 내면을 진솔하게 드러내고 있기 때문이라고 본다. 주의를 기울여 읽어 보면 백범의 숭고한 애국심과 담대하고 정의로운 품성과 성실하고 포용성 깊은 됨됨이가 각 장章마다 숨김없이 표출되어 있음을 잘 알 수 있다.

특히 서대문 감옥에 갇혀 배가 고플 적에 "젊은 아내를 팔아서라도 한 끼 밥을 맛나게 먹었으면 좋겠다."라는 실토를 하는 대목에서나 안악 사건으로 투옥되었을 때 밤을 새워가며 고문하는 일본 경찰을 보고 "평소 애국자라고 자부하던 나는 나라를 위해 밤을 새워 일해 본 적이 몇 번이나 있었던가?" 반성하는 대목은 마음을 숙연하게 하였다.

감옥에 갇힌 백범을 면회 와서 "나는 네가 평안감사가 된 것보다 더 기쁘다."라고 말하면서 외아들 백범을 위해 팔십 평생을 희생한 어머니 곽낙원 여사의 삶도 빼놓을 수 없는 감동을 주었다. 남편의 옥바라지와 독립운동을 돕다가 먼저 세상을 떠난 젊은 아내 최준례 여사의 삶도 백범의 위대한 삶 못지않게 내 가슴에 뭉클 와 닿았다. 과연 온 가족의 헌신적인 뒷바라지가 없었다면 백범이 어떻게 평생을 독립운동을 위해 투신할 수 있었으랴.

《백범일지》에는 이십 대에 겪은 생생한 견문록이 담겨 있다. 두 차례에 걸친 서북 지방과 만주 일대의 여행과 인천 감옥에서 탈출한 뒤 일 년 육 개월에 걸쳐 무려 칠천 리가 넘는 길을 걸어 다녔다. 이

때 백범은 자신이 보고 들은 민중의 삶을 자세히 기술했다. 이런 면에서 구한말의 풍습연구의 귀중한 자료이다. 오늘날 국토 순례하는 사람들이 본받았으면 좋겠다.

또한, 《백범일지》는 대한제국과 일본 강점기 때의 옥중기로서도 훌륭한 가치를 지니고 있다. 명성황후의 원수를 갚는다고 일본인 쓰치다를 일본군 중위로 단정하고 살해한 치하포 사건으로 인천 감옥에서 일 년 칠 개월, 안악 사건으로 서대문 감옥에서 사 년 육 개월을 감옥 생활했다. 상권 사 분의 일을 차지할 정도로 당시의 감옥 실태를 서술하고 인간 백범의 내면을 모습을 그대로 드러내고 있다. 《백범일지》의 백미는 이 부분에 몰려 있는 것 같다.

1914년 7월 감형으로 자유의 몸이 된 백범은 황해도 신천군에 있는 동산평 농장의 관리인으로서 농민 계몽운동을 전개하였다. 1919년 드디어 민족의 거대한 힘이 분출되었다. 온 민족의 역량을 보여준 3 · 1운동을 계기로 상해에서 임시정부가 창설되었다. 백범은 뒤늦게 15명의 동지를 이끌고 상해의 임시정부 청사로 찾아갔다. 이때 그의 동지 안창호가 내무총장을 맡고 있었는데 김구는 그에게 이렇게 부탁했다.

"나는 실력 없는 허명을 탐하기를 두려워할뿐더러 감옥에서 청소할 적에 내가 하느님께 원하기를 생전에 한번 우리나라 정부 정청의 뜰을 쓸고 유리창을 닦게 하여 주소서라고 했으니 임시정부의 정문 파수를 보게 하여 달라."

얼마나 겸손한 섬김의 자세인가! 그리하여 원래 직제에는 없는 경무국장이 되어 청사의 문을 지키고 요인을 보호했다. 이를 시작으로 내무총장, 국무령 등을 역임하였다.

김구는 그때까지 별다른 활동을 보이지 않고 있던 임정을 개편하여 한인 애국단이라는 무장독립운동조직을 만들어 1932년 1월 8일 이봉창 의사의 의거 및 윤봉길 의사의 홍커우공원 의거 등을 지휘하였다. 얼마나 통쾌한 일인가! 얼마 전 상하이 임시 정부 청사를 방문하는 길에 홍커우공원 현장을 답사하여 묵념으로 윤봉길 의사를 기리던 일이 생각났다.

1940년에는 미군의 협조를 받은 광복군을 조직하여 군사 활동을 전개하였으며 1944년 임시정부 주석으로 취임하였다. 하지만 사회주의자와 민족주의자로 분열된 독립운동가들의 이념 대립으로 인해 그 자신도 고려 공산당원에게 총격을 받는 일도 있었다. 이 부분을 읽을 적에는 '간난신고艱難辛苦'라는 말이 절로 떠오르며 마음이 무거워지기 시작했다.

30년대 말에 접어들면서 테러 유격전을 광복군 조직으로 전환하였고 1941년 일제가 태평양전쟁을 일으키자 항일 선전포고를 하여 빼앗긴 조국을 직접 싸워서 되찾으려는 결의를 만방에 과시하였다. 이때 백범은 어떠한 조국을 건설할 것인가를 애쓴 끝에 건국강령을 1939년 발표하였다.

그러나 앞일을 어찌 예측할 수 있으리오. 예상보다 빨리 일본이 패망하는 바람에 광복군의 힘으로 모국을 되찾으려는 임시정부의 계획이 물거품으로 되어 버렸으니. 백범은 일제의 항복 소식을 듣고

난 뒤 이렇게 썼다. "내게는 기쁜 소식이라기보다는 하늘이 무너지는 듯한 일이었다. 천신만고로 수년간 애를 써서 참전할 준비를 한 것도 다 허사다. … 진실로 전공이 가석하거니와 그보다도 걱정되는 것은 우리가 이번 전쟁에 한 일이 없으므로 장래에 국제간에 발언권이 박약하리라."

아, 비통하다! 그의 예견은 어긋나지 않았다. 끝내 조국의 분단이라는 비극을 가져오게 되었고 여전히 강대국 틈바구니에서 자주 통일을 이루지 못하고 있다.

《백범일지》를 읽고 얻은 교훈을 다시 한번 음미해 보니 "나의 소원은 우리나라 대한의 완전한 자주독립이오." 하는 말이 가장 생생하게 떠오른다. 그분이 생전에 바라던 완전한 독립, 민족 통일은 언제 이루어질까. 어쨌든 통일을 다음 세대에까지 미루어서는 안 될 것이다. 지금 우리가 해내야 할 중대 임무임이 틀림없다.

감히 나는 바란다. 가능한 한 적극적인 자세로, 올바른 삶을 살길 바란다. 김구와 같은 삶을 살 수는 없더라도 당당하게 살고 싶다. 세상을 진지하게 응시하며 그 속에서 참된 주체적 역사의식을 얻고 싶다. 그리고 그런 주체 의식을 바탕으로 삼아 남북 관계를 개선하는 데에 일조할 수 있다면 얼마나 좋을까 생각해 본다.

# 세월이 가서 아름다운 것들

한때 주당酒黨이었던 나는 퇴근길에 거의 매일 술을 마셨던 적이 있다. 주로 소주와 맥주, 막걸리를 들었는데 술안주로는 자글자글 끓고 있는 김치찌개, 그중에서도 푹 곰삭은 맛이 일품인 묵은 김치찌개가 그만이었다. 지금도 어쩌다가 그때 그 시절의 추억이 떠오를 때는 시큼하게 익은 묵은 김치를 먹고 싶다. 생각만 하여도 목에서 꼴깍 침 넘어가는 소리가 난다.

그러고 보니 나의 옛것에 대한 선호는 나이가 들수록 심해지는 모양이다. 어찌 보면 지나온 세월의 흔적이 묻어있는 모든 것들에 대한 애착심인지도 모른다.

장도 오래 묵은 것이 제맛을 내듯 친구도 오랜 친구가 좋다. 더욱이 잊힌 세월, 그립던 친구를 우연히 만났을 때 그 반가움이란 이루 말할 수 없다. 시간이 흘러도 변치 않고 늘 마음 편하게 하는 친구들, 이런 친구를 만나면 울적한 기분이 풀린다.

얼마 전 근 오십 년 지기 넷이서 선유도로 여행을 다녀왔다. 모두 눈만 마주쳐도 감정이 통하고 걸음걸이만 보아도 진심을 읽을 수 있는 씨동무들이다. 이런 친구들을 만날 때마다 세월의 힘을 느끼고 있다. 해묵은 분위기 속에서 끊임없는 수다를 떨며 노닐다 보니 시간 가는 줄 몰랐다. 세월이 흐를수록 아름다워지는 우정이 바로 이런 게로구나 하는 생각이 그날 내내 머릿속에서 떠나질 않았다.

나는 오래된 것이 지닌 힘을 믿는다. 고목古木이 그렇다. 요즘 들어 곧잘 찾아가는 고향 마을에는 세월의 무게가 느껴지는 늙은 정자나무 한 그루가 우람하게 서 있다. 얼핏 보기에도 예스러운 풍치와 모습이 그윽하다. 600여 년 전 고려 공민왕 때 어느 스님이 아랫마을에서 사찰이 훤히 보이지 않게 하기 위해 심었다고 한다. 모진 풍상을 꿋꿋이 견뎌온 모습을 보고 있노라면 왠지 모를 든든함과 연륜을 느낄 수 있다. 아무리 세상이 바뀌어도 전설과 신화를 지닌 시간의 관리자로서 구실을 다할 수 있으리라.

고조할아버지 적부터 살아온 고향 집 또한 정겹고 아름답다. 어릴 적 드나들던 골목길로 들어서면 수백 년 묵은 참죽나무 사이로 햇살이 화사하게 쏟아지고 풋풋한 텃밭 냄새가 갈마들며 코끝을 오간다. 오래된 담쟁이덩굴로 어우러진 돌담이 소박하게 지어진 옛집을 안온하게 감싸 주고 있다.

벽마다 스며있는 선조들의 기침 소리, 서까래와 대들보에 묻어 있는 잊힌 언어들의 흔적들이 가문의 훈장처럼 빛을 내고 있다. 짚 검

불이 홍시를 머금은 듯 야울야울 타오르던 부엌의 아궁이도 옛 모습 그대로이다. 부엌과 장독대도 옛 모습 그대로이다. 해묵은 항아리와 단지들이 죽 늘어서 있는 뒤란의 장독대를 살펴보면 대대로 물려받은 살림살이의 내력이 드러나고 유서 깊은 음식 냄새가 배어 있다.

세월이 가서 아름다운 것들은 수없이 많다. 도자기나 그림 같은 예술품이나 절묘하게 닳아 부드러워진 수석壽石도 오래된 것이 좋다. 삶도 그렇고 물건도 그렇다. 오래 보고 느끼고 매만져 사람의 온기가 스민 세월의 맛이 있는 법이다.

나는 가끔 사진첩을 펼치고 추억의 사진들을 넘겨본다. 어린 시절 누나 치맛자락 붙들고 찍은 사진이 먼저 눈에 확 들어온다. 반가워 보고 또 보곤 하면서 회상에 잠긴다. 이처럼 사진도 오래될수록 정감이 아주 다르다. 아름다운 사랑의 추억이 담겨 있는 어린 시절 일기장을 볼 때도 마찬가지다.

불현듯 옛날을 회복하여 그 추억 속에서 쉬고 싶은 생각이 일어난다. 시간을 거슬러 어릴 때 소꿉놀이를 같이하던 시절로 돌아가고 싶다. 지금도 생각하면 마음이 아련하다. 봉숭아꽃으로 손톱을 빨갛게 물들여 주던 누나가 오늘따라 보고 싶다. 봄이면 활짝 피어나는 앞동산의 벚꽃, 진달래, 개나리도 눈에 선하다. 어머니 품 같다.

며칠 전에는 밤늦도록 책상 앞에 앉아 고전 《임제록臨濟錄》을 감명 깊게 읽었다. 867년경에 만들어진 책으로, 간명하고 직접적인 언어로 불교의 지극한 뜻을 드러낸 당나라 선승의 언행록이다. 마음에 쏙 드는 구절을 만날 때마다, 쾌재의 미소를 짓지 않을 수 없었다.

세월의 흐름도 여기서는 거리낌이 없다. 시간과 공간을 초월하여 저자와 만나 이야기를 나눌 수 있다. 삶에 힘이 되는 옛 성현의 경서經書들을 읽을 때마다 오래된 것의 좋음을 인정하지 아니할 수 없다. 모두 세월이 가고 해와 달이 바뀌어도 아름다운 것들이다.

# 이희석 수필가의 수필집『그리운 것은 그리운 대로』 출간에 부쳐

김 학

(수필가, 신아문예대학 지도교수)

## 1. 養才 이희석 수필가의 두 번째 수필집『그리운 것은 그리운 대로』읽기

정읍이 낳고 정읍이 키웠더니, 이제는 정읍을 지키는 수필가로 성장한 養才 이희석, 그가 드디어 두 번째 수필집을 선보이게 되었다. 2018년 1월에 출간한 첫 수필집『그대 머무는 곳마다』(수필과비평사)는 정읍에서 발행되는 신문『정읍시사』에 2년 동안 연재한 칼럼 중에서 100여 편을 가려 뽑아 8부로 편집하여 책으로 묶은 것이다. 여기에 수록된 작품들은 모두가 정읍의 변화를 가져온 날카로운 칼럼들이다.

그런데 이번에 출간한 두 번째 수필집『그리운 것은 그리운 대로』

는 칼럼이 아니라 서정성이 묻어나는 순수 수필들이다. 첫 번째 칼럼집과 이번 수필집을 비교하면서 읽어보면 수필가 養才 이희석의 글솜씨가 어떻게 진화했는지 알 수 있고, 그의 문재文才를 제대로 맛볼 수 있으리라 믿는다.

養才 이희석 수필가는 정읍에 수필의 씨앗을 뿌리고 가꾸며, 정읍수필문학회 회원들의 길잡이 역할을 하고 있을 뿐 아니라, 자신의 내공을 쌓는 데도 게을리하지 않는다. 일찍이 전북대학교 평생교육원 수필창작과정에서 수필 공부를 하면서 2014년 종합문예지 계간 『대한문학』 46호에서 신인상을 수상하여 당당히 수필가로 등단하였다, 養才 이희석 수필가는 혼자서만 수필의 길을 걸어가려 하지 않고, 가까운 지인들과 더불어 손잡고 수필의 길을 함께 가고자 노력한다. 정읍수필문학회를 창립한 것이 바로 養才 이희석 수필가의 수필 사랑 정신이라고 할 수 있다.

### 2. 養才 이희석 수필가의 수필 들여다보기

養才 이희석 수필가는 이번에 60편 가까운 수필들을 6부로 나누어 『그리운 것은 그리운 대로』란 제호의 두 번째 수필집을 출간하기에 이르렀다. 이번 두 번째 수필집에 수록한 수필들은 대부분 서정수필이어서 독자의 사랑을 받으리라 믿는다. 養才 이희석 수필가는 이번 수필집 머리말에서 이렇게 수필에 대한 소감을 밝히고 있다.

'인생사 모두 한 편의 수필이라고 생각한다. 앞으로도 계속 무언가를 꾸준히 쓰며 살 것이다. 인생은 유한하지만, 글은 시간과 공간의 제약을 받지 않고 오랫동안 널리 전파되는 속성이 있다. 대수로운 것 없는 내 삶일지라도 글로 흔적을 남겨 누군가의 마음속에 그리움으로 남고 싶다. 언젠가 이 세상을 떠난다 해도 글을 통해 후손들과 소통하고 서로의 존재를 확인하게 되리라.'

이런 내심을 갖고 있으니 養才 이희석 수필가는 앞으로도 끊임없이 수필의 길을 걸으며 수필을 빚으리라 믿는다. 그래서 더 기대된다.

수필은 삶의 문학이며 정의 문학이다. 삶의 다양한 문제를 다루면서, 문제를 자신만의 방식으로 풀어나가는 글이다. 養才 이희석 수필가는 수필 제목을 멋지게 뽑을 줄 아는 능력을 가지고 있다. 좋은 제목은 독자로 하여금 읽고 싶은 충동을 일으키게 할 정도로 중요하다. 「화롯가」, 「어부바 사랑」, 「발밑에서 만난 봄」, 「쉼표를 찍다」, 「낙하산 양말」, 「어쩌다 혼밥족이 되어」 등은 제목만 보고도 궁금증이 일어서 읽지 않을 수 없을 것이다. 이러한 제목은 깊은 사색에서 건진 것이려니 싶다.

수필은 소중한 경험의 산물이요, 수필가는 그 경험의 전파자라고 피력한 이가 있었다. 養才 이희석 수필가의 소중한 경험 속으로 들어가 보자. 역시 주인공은 그의 아버지다. 아버지의 손은 화자를 포근히 감싸주는 보자기와 같다고 회상한다.

초등학교 시절 아버지의 손은 정성을 다해 뒷바라지해 준 고맙기 그지없는 헌신의 손 보자기였다. 10리가 넘는 학교까지 가려면 산굽이를 돌고 내를 건너 들판을 지나야 했다. 매년 여름이 되어 장마가 지면 물에 잠긴 징검다리를 네 개나 건너야 했다. 그때마다 아버지는 위험을 무릅쓰고 든든한 두 손으로 나를 업거나 보듬고 냇물을 무사히 건네주셨다. 그 시절 아버지의 '심보心褓'라는 이름을 가진 보자기를 알게 된 특별한 일이 있었다.

「아버지의 보자기」 중에서

어느 해 봄날 몸이 아파서 학교에 갈 수 없었는데 아버지가 업어서 학교에 데려다주고 수업이 끝난 뒤 다시 업고 귀가한 일이 있었다고 한다. 그런데 그 때문에 6년 개근을 할 수 있었다고 회고한다. 養才 이희석 수필가는 그러한 아버지를 회상하면서 스스로 자기 자녀들에게 훈훈한 아버지의 정을 주지 못한 것을 뉘우친다. 이 수필을 읽는 대부분의 독자도 고개를 끄덕이며 공감하리라.

수필은 체험과 사색의 기록이다. 또 수필은 교회 없는 종교요, 논리 없는 철학이라 할 수 있다. 그러기에 너도나도 글을 쓰려고 한다. 오죽하면 이덕무는 저승사자조차 빼앗아갈 수 없는 것이 글이라고 했겠는가?

養才 이희석 수필가의 「기억의 정원」은 묘지 문제를 다루고 있는 수필이다. 화자는 아파트 산책길에서도 공동묘지를 지나고, 고향 뒷산의 공동묘지도 가끔 찾는다. 밤에 공동묘지에 가서 밤을 새우며 기다려도 망자를 만나 대화를 나눌 수 없었다고 회고하기도 한다.

근래에 와서 묘지가 점차 사라지고 있다. 망자를 장지로 운구하여 파묻는 장묘문화가 화장한 유골을 봉안당에 안치하거나 나무 밑에 묻는 수목장樹木葬으로 바뀌어 가면서 공동묘지가 줄어드는 추세다. 더구나 최근 결혼을 피하는 풍조와 함께 결혼해도 아이를 낳지 않는 경우가 많아 인구가 줄어들고 기존의 무덤들조차 돌보는 후손들이 끊어지니 공동묘지도 황폐해지고 있다. 하기야 이 바쁜 세상에 어느 후손이 옛날처럼 벌초나 성묘를 하겠는가?

「기억의 정원」 중에서

시대의 흐름을 날카롭게 파헤친 작품이다. 누구나 쉽게 다루기 어려운 주제를 수필화한 작품이어서 관심을 끈다. 수필의 소재는 작가의 삶 속에서 취택하기 마련이다. 작가의 삶 속에서 소재를 골라 그것의 본질을 찾아 작가의 시각으로 해석해낸 바를 참신하게 형상화하는 것이 바로 수필이다. 그렇다고 작가의 삶 속에서 소재를 가져온다고 하여 '있는 현상'을 그대로 기록하면 수필이 되는 것도 아니다. 수필에는 소재만을 소개하는 '예시 단락'이 있고, 이 소재가 갖는 의미를 찾아 의미화, 주제화, 형상화하는 '일반화 단락'이 있어야 진정한 한 편의 수필이 되는 법이다. 그러기에 수필가는 늘 참신한 소재를 찾아내고, 참신하게 해석하며, 참신하게 표현하려고 노력해야 한다.

養才 이희석 수필가는 주변에 널려있는 소재 중에서 글감을 찾아내어 수필의 집을 잘 짓는다. 옛날 시골에 살 때는 기와집이나 초가

에 살면서 집집마다 크고 작은 장독대를 울안에 두고 있었다. 장독대는 어머니가 관리하는 맛의 보고였다. 그러나 작가에게는 즐거운 놀이터였다.

또래들과 장독대 귀퉁이에서 흙이랑 풀을 사금파리에 담아놓고 소꿉질하고 신랑각시놀음을 하였던 기억이 생생하다. 놀이 동무들과 장독가에서 숨바꼭질했던 추억도 선연하다. "꼭꼭 숨어라…. 장독대 뒤에 숨어라."라는 동요처럼 장독대 뒤에 감쪽같이 숨으려 했으나 잘도 들켰던 그 시절이 그립다.

「장독대」 중에서

장독대는 어머니에겐 맛의 저장고이자 기도터였지만 10남매나 되는 화자의 형제자매들에겐 즐거운 놀이터였다. 봉숭아꽃으로 손톱에 빨갛게 물들이며 즐거워했던 어린 시절의 추억이 잊히지 않을 것이다. 지금은 아파트에 살면서 베란다에 자잘한 장독들을 늘어놓고 발효식품들을 갈무리하지만, 옛날 시골의 장독대 분위기에는 미치지 못할 것이다. 養才 이희석 수필가는 고희 고개를 넘어서서 그러는지 글감을 찾는 눈도 달라졌다.

세월이 가서 아름다운 것들은 수없이 많다. 도자기나 그림 같은 예술품이나 절묘하게 닮아 부드러워진 수석壽石도 오래된 것이 좋다. 삶도 그렇고 물건도 그렇다. 오래 보고 느끼고 매만져 사람의 온기가 스민 세월의 맛이 있는 법이다.

「세월이 가서 아름다운 것들」 중에서

화자는 사진첩에서도 옛날 사진에 눈길을 주고, 어린 시절의 일기장에서도 정감을 찾는다. 역사의 이끼가 묻어있는 것들에서 애정을 느낀다. 화자의 고색취미古色趣味라고나 할까? 養才 이희석은 계간 『대한문학』에서 「화롯불」이라는 수필로 신인상을 수상하여 수필가로 등단한 뒤 수필 전도사로 나섰다.

이웃 동년배들에게 수필공부를 적극적으로 안내해주기 시작했다. 자칭 타칭 수필전도사로 나섰다. 지금까지 나의 부추김을 받아 수필의 길로 들어 글동무들이 열 명이 넘는다. 내 승용차에 문우들을 모시고 수필을 배우러 다닌 지도 육 년째다.

「어떤 늦바람」 중에서

수필 쓰기의 세 요소는 통일성, 긴밀성, 강조성이다. 통일성이 글의 수직적 질서라면, 긴밀성은 글의 수평적 질서이다. 통일성과 긴밀성은 중요하지만, 그 두 가지만 충족된 글은 멋이 없다. 통일성과 기밀성이 잘 갖추어진 가운데 매혹적인 강조성이 있어야 한다. 그래야 말에서의 악센트 같은 효과를 누릴 수 있다. 수필을 쓰는 사람은 낱말과 낱말, 문장과 문장, 단락과 단락이 얼마나 긴밀하게 연결되어 있는지 알아챌 수 있어야 한다. 낱말과 낱말이 호응하지 않는 문장은 바른 글이 아니다.

養才 이희석 수필가의 수필을 읽어 보면 글이 짜임새가 있다. 수필이 어떤 글인지 알고 쓰기 때문일 것이다. 養才 이희석 수필가는 2002년에 교직에서 명예퇴직을 하고 택시 운전을 한 적이 있었다. 택시 운전을 하면서 겪었던 일화가 어찌 한두 가지이겠는가?

이제 택시기사라는 직업이 지구상에서 사라질지도 모른다. 몇 년 안에 자율주행차가 차량공유서비스에 대거 이용되면 인공지능과 레이더 등이 운전기사를 대신할 거란다. 이는 앞으로 곧 택시기사라는 일자리가 필요 없는 세상이 다가온다는 의미이기도 하다. 그렇다면 오늘의 택시 운전사는 자동차의 등장으로 사라진 옛날 마차몰이꾼처럼 퇴역하는 운명을 맞게 돼 역사 속으로 사라지게 될 날이 머지않으리라. 이러한 예측을 아는지 모르는지 택시기사는 오늘도 승객을 기다리고 있다. 자신의 삶도 고달플 텐데, 승객의 애환까지 싣고 달리려면 매우 힘들겠다. 남의 일 같지 않아 지나가는 택시에 눈길이 얹힌다.

「택시 운전」 결미

누가 수필가를 예언가라고 했던가? 養才 이희석 수필가는 머지않아 마차몰이꾼이 역사의 뒤안길로 사라지듯 택시 기사도 사라질 거라고 예언한다. 그렇다. 세월이 흐르면서 쓸모없는 직업은 사라지고 새로운 직업이 태어나기 마련이다. 어떤 직업이 장래성이 있는지 예단하기 쉬운 일도 아니다. 학생 수가 자꾸 줄어드니 아이들을 가르치는 교사도 사라질 직업이라지 않던가?

養才 이희석 수필가는 멋진 제목을 뽑을 줄 알고 참신한 표현으로 독자의 눈길을 끌어당길 줄 아는 작가다. 「발밑에서 만난 봄」이 대표적인 작품이다. 아무도 이런 착상을 한 수필가는 아직 없었다.

> 발밑에서 느껴지는 생기 있는 촉감에 그곳을 유심히 들여다보았다. 흙은 마치 깨어있는 듯했으며, 그 모습이 며칠 전의 그것과는 완연히 달랐다. 푸석거리거나 질척거림도 없이 생명력조차 느껴졌다. 겨우내 숨을 죽이고 있던 땅이 거대한 호흡을 시작한 듯 보였다. 땅은 이제 비축한 힘으로 풀을 돋게 하고, 꽃과 잎을 피게 할 것이다. 마치 어머니처럼….
>
> 「발밑에서 만난 봄」에서

수필가는 날카로운 눈썰미를 지녀야 한다는 점을 잘 일깨워 주고 있다.수필은 마음의 예술이다. 그 마음은 '빨 · 주 · 노 · 초 · 파 · 남 · 보' 무지개 색깔 같을지도 모른다. 마음을 그림으로 나타내는 이가 화가라면, 문자로 표현하는 이가 수필가일 것이다. 수필을 써 보면 그 마음의 색깔을 알 수 있다. 마음을 문자로 표현하여 독자를 감동시킬 수 있어야 성공적인 수필이라 할 수 있다.

수필가가 글감을 취택할 때는 먼저 본인이 무언가 깨달아야 붓을 든다. 그런 글감을 감동적으로 표현해야 독자도 공감하기 마련이다.

> 이른 새벽 눈을 뜨니 잠자리가 휑했다. 늘 먼저 일어나 주방에서 딸그

락거렸던 아내가 안 보였다. 그제야 아내가 어제 친목계 모임에서 동해안으로 관광을 갔다는 생각이 떠올랐다. 멀리 떠난 것도 아니고 불과 2박 3일간의 여행일 뿐인데 금세 아내의 빈자리가 헛헛했다. 아내는 늘 옆에 있는 사람이라 그동안 고마움을 모르고 지내왔다. 끼니때마다 반찬 챙겨주고, 빨래며 온갖 치다꺼리를 해준 덕을 대수롭지 않게 여겼다. 더욱이 오랫동안 집을 비우고 여행을 한 적이 없었기에 아내가 없어서 외롭다거나 불편함을 몰랐다. 당장 아침밥을 차려 먹기가 귀찮았다.

「아내 없는 자리」 서두

거의 모든 남편이 겪었을 법한 삽화다. 아내가 곁에 있을 때는 모르지만 아내의 빈자리는 커 보일 수밖에 없을 것이다. 집을 떠난 아내는 또 남편이 걱정되어 자주 안부 전화를 하기 마련이다. 그러면서 부부의 정은 깊어지고 부부는 화목해지기 마련이다.

수필은 평범한 일상사를 참신하게 해석하는 데서 문학성이 깃들게 되는 법이다. 가수는 음성이, 화가는 색채감이 좋아야 하듯 수필가는 문장을 다루는 힘이 갖춰져야 한다. 養才 이희석 수필가의 문장에서는 그런 힘을 느낄 수 있어서 좋다. 그의 수필을 읽으면, 독자를 가르치려 하는 글이 아니라 독자가 느끼게 하는 글임을 알 수 있다.

養才 이희석 수필가의 등단작이기도 한 「화롯가」는 언제 읽어도 공감을 자아내는 수필이다. 아파트 문화에 적응하지 못하고 밀려난 화로는 보릿고개 시절을 보낸 이들에게는 잊을 수 없는 추억거리를

제공해 준다.

> 화롯불에 빙 둘러앉아 구워 먹던 인절미나 찹쌀떡은 별미였다. 화로 속에서 이따금 군밤이 툭 튀어나와 놀랍고 반가웠던 추억도 새롭다. 고구미를 화로 불에 구워서 먹으면 세상을 다 얻은 듯 행복했었다. 눈이 온 세상을 하얗게 만들 때는 군고구마의 맛이 더 좋았다. 오랜 시간이 지난 지금도 그 맛을 결코 잊을 수가 없다.
>
> 「화롯가」에서

모름지기 수필가는 세 가지 눈을 가져야 한다고 했다. 자기를 보는 눈과 남을 보는 눈 그리고 세상을 보는 눈이 바로 그것이다. 이 세 가지 눈만 제대로 작동한다면 어떤 글감도 빠뜨리지 않고 자기가 갖고 있는 수필이란 바구니에 모두 담을 수 있을 것이다.

### 3. 養才 이희석 수필가의 활동무대 넓히기

養才 이희석 수필가는 오랜 세월 수필과의 사랑에 빠져 살면서 수필가로서의 기본 소양을 두루 잘 갖추었다. 그러나 이것으로 만족해서는 안 될 것이다. 정읍과 전주라는 지역적 한계를 벗어나 전국으로 활동 범위를 넓히라고 권하고 싶다. 그러기 위해서는 전국을 대상으로 하는 수필전문지와 종합문예지에 좋은 수필을 게재할 수 있

는 방법을 찾아야 할 것이다. 더 많은 전국 방방곡곡의 독자들이 養才 이희석 수필가의 수필들을 읽을 수 있으면 좋겠다. 그것은 작가와 독자 서로의 Win-Win 상생법일 터이기 때문이다.

그러려면 불광불급不狂不及의 정신으로 수필의 길을 걸어야 할 줄 안다. 중단 없이 그 수필의 길을 걸어갈 때 수필가로서 우뚝 설 수 있게 될 것이다. 養才 이희석 수필가의 제2수필집 『그리운 것은 그리운 대로』 출간을 축하하며 문운창성을 빈다.

이희석 수필집

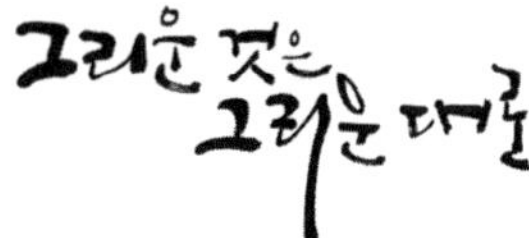

인쇄 2019년 11월 15일
발행 2019년 11월 18일

지은이 이희석
발행인 서정환
펴낸곳 수필과비평사
주　소 전라북도 전주시 완산구 공북1길 16
전　화 (063) 275-4000, 252-5633
팩　스 (063) 274-3131
이메일 sina321@hanmail.net
출판등록 제300-2013-133호
인쇄 · 제본 신아출판사



ISBN 979-11-5933-248-7 03810

값 13,000원

이 도서의 국립중앙도서관 출판예정도서목록(CIP)은 서지정보유통지원시스템 홈페이지(http://seoji.nl.go.kr)와 국가자료종합목록구축시스템(http://kolis-net.nl.go.kr)에서 이용하실 수 있습니다. (CIP제어번호: CIP2019045639)

Printed in KOREA